深美隆司
〔著〕

子どもと先生がともに育つ

人間力向上の授業

図書文化

序文　出会い

奈良女子大学臨床心理相談センター教授
（前慶應義塾大学教授）
伊藤美奈子

私と深美隆司先生との出会いは、先生がまだ現職であった二〇〇九年二月に大阪府松原市立松原第七中学校へ、文部科学省の協力者会議委員・研究開発学校視察として見学に伺ったときだった。松原第七中学校では、「人間関係学科」という独自のカリキュラムを作り、その成果を継続的なエビデンス（アンケート調査による効果測定）で示しただけでなく、実際に不登校やいじめについても大きな改善がみられたという。そこで見せていただいた人間関係学科の授業は、いまも鮮明な記憶として残っている。

一つの授業は、教室で「価値観ピラミッド」をつくるというものだった。男女混合の数人のグループで、興味深い話し合いが進められていた。お金、地位、家族、信頼……、何がいちばん大切なのかについて、中学生としての飾らない本音がぶつけられていて、思わず聴き入ってしまうシーンも多かった。そして次の時間は体育館。三クラス分くらいの男女が、「じゃんけん列車」をしている。じゃんけんで負けたものが勝った人の後ろに回り、肩に手を置いてだんだんに列が伸びていく。最終的には、参加者全員が一つの輪になるという活動である。間近で見学したが、全員がだれも拒まない・拒まれない、自然な笑顔で楽しんでいる様子に、ちょっと驚いた。中学生という思春期は、「素直ではない」

「照れくさがる」「男女の間に距離ができやすい」という印象をもっていたため、それがいい意味で裏切られた経験であった。そして、もう一つ、その子どもたちに授業をしておられる先生方も、自然体なのであった。文部科学省、府の教育委員会、市の教育委員会の面々が見ているなかで、まったく自然に（たぶん、ふだんどおりの言葉で）授業が展開される。生徒と生徒、生徒と教員の間にぎすぎすした垣根が微塵《みじん》もない。これがこの学校の日常なんだなあと痛感した。

しかし聴いてみると、以前には「指導上の困難があった」という。厳しい環境に生きている生徒も多いという。この空気がつくられるまでには、先生方の長い苦労と挑戦の歴史があったことがわかった。生徒たちの人間関係をはぐくむことは、教員と生徒の人間関係の構築ぬきには果たせないことを教えてもらった気がした。

そのようなつながりのなかで深美先生が出前研修をしておられることを知り、慶應義塾大学でも教員志望の学生向けに研修を四度も実施していただいた。毎回、それはそれは周到な準備とていねいなアフターフォローを伴うものであった。笑いと気づき、そして「自分を出していいんだ」という安心感に満ちた空間がつくられる。一期一会の場でつくられる楽しい雰囲気は、先生のパーソナリティに負うところも大きいが、その一回一回の出会いは、整理された理論による裏づけと先生の長い教師経験による肉づけとがつくり上げるエンタテイメントそのものであった。しかし、その場限りの楽しさでなく、深美先生からの力強いメッセージと子どもたちへの熱い思いが、後味としてずっしり残るものであった。私など、深美先生のなんでも受けとめてくれる度量〔布袋《ほてい》さん（深美先生のハンドルネーム）と呼ぶにぴったりの包容力〕に甘えて、困ったことがあれば相談に乗っていただくこともしばしばあった。ほんとうにありがとうございます。そんなときはいつも、現場を知っている先生ならではのアドバイスにより「独りじゃない」という勇気がわき、自分で悩む力がよみがえるのである。

本書は、プロの教師でありつつ、プロのファシリテーターでもある深美先生の理論と実践、そしてその歴史が詰まった一冊である。とりわけ、「依存的なあり様《よう》から主体的なあり様へ」という理論は、子どもたちの人間関係をとらえるのに非常にクリアな視点を提案してくれるだけでなく、実践教育の場でも「いじめや不登校の未然防止に役立つに違いない！」と実感しながら読ませていただいた。そしてそれは、もしかしたら、われわれ大人が生きていくためにめざす方向にも通じるものではないだろうか。日々の生徒指導に悩む先生方、そして教師をめざす学生たちには、できれば直接、先生のナマ研修をぜひ受けてもらいたい。しかし、残念にもそれが叶わない方々には、この本をお読みいただくことで深美ワールドの一端にふれていただけるのではないかと期待する。どうぞお試しあれ。

はじめに
「人間関係学科」との出会いと決断

松原第七中学校に転勤になるまでの私

私は、二〇一一年三月末をもちまして、大阪府にて三一年間勤めてきた中学校の教員という職を退職しました。

最後の五年間は松原市立松原第七中学校に勤務し、文部科学省研究開発学校の、中学校区における人間関係づくりのための授業＝人間関係学科（中学校＝ＨＲＳ（Human Reration Studies の略）、小学校・幼稚園「あいあいタイム」）の一一年間の学びの創設と不登校生など（長欠生も含む）の学校復帰のための取組みをまとめる仕事に、研究主任としてかかわりました。

それまで私は、おもに人権教育とキャリア教育にかかわり、「総合的な学習の時間」のカリキュラムを充実させ、地域と結びついた人権教育、キャリア教育の確立をめざしてきました。

五〇歳になる年、転勤した当初は、正直なところ、「残りの教員人生をどう閉じていこうか。この学校で安らかに過ごすことができればいいのだが……」という考えでいました。

しかし、その意に反して、私には大きな仕事が待っていたのです。

人間関係づくりの授業との出会い

松原第七中学校は、二〇〇三年度より四年間、文部科学省の研究開発学校の指定を受けていました。私が研究主任になった段階で、先輩たちの努力により人間関係学科のカリキュラム（年35時間×3年間）が完成し、不登校生などの支援においても、ソフトとハードが完成している状態でした。新たな教育課程や新教科をつくるためのパイロットスクールともいうべき、研究開発学校という特性は、私が経験してきた研究指定校とはまったく違ったものでした。それからの私は、教育を切り開いていくための使命と責任を感じる場面に、数多く出くわすことになるのです。

学校から私への課題は、人間関係づくりの授業を小学校と幼稚園も含む中学校区として一一年間の学びへと広げていくことと理論的な整理、不登校生などへの支援体制の取りまとめでした。

松原第七中学校では、「学校が楽しくなれば、ストレスが減る。ストレスが減れば、不登校やいじめが減る」というパラダイムのもと、学校づくりを進めてきました。人間関係づくりの授業を実施し、そこから生まれてくる教員のあり様《よう》、子どもとの関係性を不登校生などへの支援へ生かす、そのスタイルを貫き通すことにより、学校としての成果が生まれました。実際、学校生活への満足度は上昇し、子どもたちのストレッサー（悩み）やストレス反応（心・からだ・行動に表れる反応）は大きく減少し、結果、不登校率を含む長欠率も減少してきたのです。

決断のときを迎えて

通算八年間に及ぶ松原第七中学校としての研究開発を終えた二〇一〇年、一年間のフォロー期間（通常の教育課程に戻すために設けられた期間）を過ごすなか、私は自分の身のふり方を考えていました。公立学校の教員は、年限が来れば転勤が待っています。研究開発学校につけられていた加配（ある教育目的のために定数に上乗せして配置される教員）はなくなります。人間関係づくりの授業の実施、不登校生などへの支援の発展継続、八年間続けてきた学期ごとのアンケート調査による効果測定の継続……、松原第七中学校が行ってきた教育を、持続可能なものにするには、それを行う人間が必要でした。

この八年間に、研究発表会も含めた学校訪問は数百校にも及び、模擬授業やファシリテーションの依頼が、教育研究機関、教育委員会、学校から数多くありました。そんな要望にこたえていくためにも、私自身がどうするか、決断をしなければならないと感じたのです。

幸い管理職や教育委員会のご厚意のおかげで、私は、時間講師（二〇一一）、学校応援団（二〇一二）として位置づけていただきました。その結果、私の希望どおり、改めて松原第七中学校の教育にかかわりつづけることができるとともに、各地からの依頼にこたえるための研修やコーディネーションに、これまで以上に取り組むことができるようになったのです。

「不登校・いじめ」解決の鍵とは

自分も含む多くの教員が疲れはて、展望をなくし、空虚な気持ちになってしまう不登校やいじめの問題……。私は人間関係づくりの授業にかかわることで「実は、それらを根絶しなければならないと感じていたから空虚な気持ちになったのだ」と気づいたのです。長い教員生活で経験してきたことが、研究主任をしていた四年間の仕事を通じて自分のなかで整理されて展望がもてるようになり、私自身、人間の成長にかかわる根本的な部分で、次のステージへ到達することができました。

「いくつになっても人間は成長できる」……。人間関係学科に携わることになってから得た私の実感です。

簡単にいうと、人間の成長のプロセスのなかで、不登校やいじめが発生します。心が成長していなければ、単に早く訪れるか、遅く訪れるかの違いです。家庭環境や生活環境のなかで、自己肯定感や自尊感情をはぐくまれている子どもたちは、まず、そういうことにはなりません。

しかし、昨今の不登校・長欠の発生率や虐待の相談件数などの数値の推移を見ると、いまの社会自体が、不登校やいじめの発生を抑制する方向へは向いていないことがよくわかります。

ファシリテーションを活用した人間関係づくりの授業を！

ファシリテーション（facilitation）のそもそもの意味は、「ファシリテート（facilitate）」「（行動・処置などを）容易（楽）にする」、「促進する」「助成する」の名詞形です。

ファシリテーター（facilitator）は、直訳すれば「促進者」になりますが、この言葉が意味するところは、とても幅が広いといえます。

いじめ・不登校を対症療法的に根絶しようとすると、後追いの指導に終始することになり、私たち教員は無力感にさいなまれてしまいます。しかし、私は、人間関係づくりの授業を通じて、まず教員自身が、「主体的なあり様（をめざす）の人間」に成長し、子どもたち一人一人を「主体的なあり様」へと導いていけば、おのずと、いじめ・不登校は未然に予防できる、という結論にいたったのです。本書では、この「主体的なあり様（をめざす）の子ども」を育てるための原理（認知↓行動↓評価のスパイラル）と、方法（ファシリテーションを活用した人間関係づくりの授業）について述べます。

この本に掲げた文章は、三年前から書きしたためたものに、現在の私の考えをプラスしたものです。不十分なものではありますが、現在の私の到達段階を、少しでも現場の先生方に知っていただき、教育の実践のなかで取り入れていただければ幸いです。

なお、退職後、私は、ホームページ（http://aiainet-hrs.jp/）を立ち上げました。「人間関係学科を深めて、広めていくためのネットワーク」という意味を込め、「あいあいタイム」と「ＨＲＳ」の名前に由来して「あいあいネットワーク　ｏｆ　ＨＲＳ」という名前をつけました。こちらもご参照いただけましたら幸いです。

目次

序文　出会い　伊藤美奈子

はじめに　「人間関係学科」との出会いと決断　5

序章　私が「人間関係づくりの授業」にたどりつくまで　15
――いじめ・不登校の解消を決意するまでの道程
●いじめ体験から教員の道へ
●不登校になることの重い意味を経て……
●親から子どもへ――「不登校スパイラル」

第1章　なぜ、いま人間関係づくりの授業なのか　31
――社会の変化に追いつかない教育現場の実態
●変容した社会に対応するには、教育の基盤に人間力の育成を！

第2章　依存的なあり様《よう》から、主体的なあり様へ　43
――主体的なあり様（をめざす）人間への成長

●いじめによる自死、「葬式ごっこ」より
●依存的なあり様から主体的なあり様へ
●主体的なあり様と依存的なあり様の検証
●「主体的・依存的」の尺度の確立を!
●まず教員が「主体的なあり様」をめざす!
●コラム　人間関係づくりの授業をさらに高める『7つの習慣』

第3章 人間関係づくりの授業のコア(核)
――「認知・行動・評価」のスパイラル+共感性を高める ―― 89
●人間関係づくりの授業の三側面
●人間関係づくりの授業の三要素
●人間関係づくりの授業のコア(核)――「認知・行動・評価」のスパイラル

第4章 人間関係づくりの授業の前提と今後の課題
――授業の前提・校種間の連携 ―― 107
●人間関係づくりの授業の前提①――地域・校種・総合的な学習の時間との連携
●人間関係づくりの授業の前提②――「学び」のデザインと「モデル」のデザイン
●中学校区における幼保・小・中の連携のむずかしさと今後の展望

●人間関係づくりに取り組めば「学力」が上がる

第5章 人間関係づくりの授業と教員研修の実際
——ファシリテーションとは何か 137

●人間関係づくりの授業以前の私の授業スタイル
●ファシリテーションとは何か
●教員への出張ファシリテーション
●ウォーミングアップ
●ストレスにコーピング（対処）する
●「認知」への理解
●リフレーミング
●アサーション——主体的なあり様と依存的なあり様
●ファシリテーションへのフィードバック

第6章 教員に求められる七つの力
——人間関係づくりの授業を成功に導くために 175

①子どもたちをホールドする力
②子どもたちどうしの関係性とルールをつくる力

●コラム　「指導上の困難がある」学校こそ、人間関係づくりの授業を組織的に
③子どもたちに気づきを引き起こす力
④子どもたちの気づきに気づく力
⑤子どもたちへ介入（支援）する力
⑥子どもたちのなかで起こったことを取り上げる力
⑦授業でビルドアップされた気づきを大切にする力
●教員に求められる資質とは
おわりに　208

序章

私が「人間関係づくりの授業」にたどりつくまで

——いじめ・不登校の解消を決意するまでの道程

いじめ体験から教員の道へ

中学二年で遭遇したいじめ体験から教員の道へ

私は、中学校二年生の二学期の初め、大阪府S市内のK中学校から、T市のT中学校に転校しました。T中学校は、K中学校とは異なり、明らかに指導上の困難がある学校でした。

転入数日後、教室で、A君が数人の男子に殴る・蹴るの暴行を受けていました。そんな場面に出くわしたことがなかった私は、反射的に「やめとけ！」ととめに入りました。「転校生のくせに、何偉そうに言うてるんや」という言葉が返ってきましたが、その場は収まりました。

しかし、翌日から私を待ち構えていたのは、男女ともによる陰険な「無視」だったのです。一部の女子は、あからさまに私を見ながら、「きしょ！（気色悪い）」とか「きも！（気持ち悪い）」と言っていきます。私はたまに男子とトラブルになりましたが、きっぱりと言い切りますし、孤立させられることに恐怖感もなかったので、言いなりになることはありませんでした。とはいうものの、「無視」と「きしょ」だけは、精神的にまいりました。三年生になるまで何か月も続きましたが、気づいているはずの担任の先生は何もしてくれませんでした。

母校でいじめ自死が発生

私はこのいじめ体験から、高校二年生のとき、教員になろうと思いました。決意などといった大それたものではありませんでしたが、「いじめは許さない」という気持ちがあったと思います。もしもあのとき、いじめを見て見ぬふりをしたり、一緒になってやっていたら、私は教員になっていただろうか……。ことあるごとに思い返します。

私が教員になった一九七九年の九月、埼玉県K市K中学校で中学校一年生のHK君が、いじめにより自死しました。在日韓国朝鮮人の生活をルポした『火の慟哭』（田畑書店）の著者、金賛汀（キム・チャンジョン）氏が、HK君の自死を取り上げ、『ぼくもう我慢できないよある「いじめられっ子」の自殺』（一光社）を発表。私の知るかぎりでは、いじめによる自死を取り上げ、その本質に迫った初めての書籍です。出版以降、HK君の自死は大きく取り上げられ、人権教育の教材『壁と呼ばれた少年』として、授業で使用する教員も多くいました。

その一年後の九月、大阪府T市のT中学校にて、一年生のNT君がいじめにより自死しました。T中学校とは、あの私の母校だったのです。私が教員になって二年目の出来事でした。

金賛汀氏は、NT君の自死を『遺書のない自殺』（一光社）として世に問いました。しかしその当時、教員として壁にぶち当たっていた私は、この本を読む余裕すらありませんでした。

教員生活をかける決意——いじめの原因究明と解消法を見つける！

それから三〇年が経過した二〇一〇年の冬、むしょうにNT君の自死のことを知りたくなった私は、通販で本を購入しました。吸いこまれるように読み進めると、金賛汀氏がNT君の保護者へ取材した箇所で目がくぎづけになりました。

「いや、それが、お金、黙ってとって悪かった。どうしても自転車の部品が買いたかったから、それで黙ってお金持ち出したと言うですよ。そのとき、脅かされているのがわかっていたら、もう少し手の打ちようがあったんですが。そんなことはひとことも言わなかったんです。ただ自転車の部品を買いたかったから、ついちょっと持ち出したというので、そのときは親の金を持ち出すという行為の悪さについて説教したんですが……。しかし、八月二〇日ごろ、家内が学校の先生—I先生（※私が実名をイニシャルに変更）に、そのことは言うてるんですわ。しかし、担任の先生は、I先生からは何も聞いてないいうですね」（原文のまま）

I先生とは、私が中学二年生のときの担任だった教員です。私の脳裏に、あのときのことが一気によみがえってきました。「そうだ。これがあったから教員になったんだ」——本を読み終えた私の中にストーンと落ちるものがありました。いじめはなぜ起こるのか、解消できない問題なのか。この答えを出すために、これからの生活をかけていく、という決意でした。

不登校になることの重い意味を経て……

A子の生い立ちと二年次からの不登校

いじめと並ぶ学校教育での問題、不登校。ここで、私が不登校の子どもとかかわったエピソードを二つ紹介したいと思います。（＊いずれも本人が特定されるのを防ぐためにフィクションにしています）………………

「おーい、起きてるか?」「うーん、起きた」。受話器の向こうから、眠そうなA子の声が聞こえます。「大丈夫か?」「……う〜ん、大丈夫。もう起きたから」

A子は中学卒業後、私立高校に入学したものの、休みと遅刻が積み重なり、あと一回の遅刻で留年が確定するところまで追いつめられていました。それを知った私は、ここ数週間、毎日A子に電話をかけ、起床を確認してから職場へ向かうのが日課になっていました。

A子は上に兄三人がいる四人きょうだいの末っ子で、A子の両親はA子が幼いころに離婚して、母親が子どもたちを育てていました。母親は家にいることが少なく、ほとんど子どもたちだけで生活を送っていたそうです。

教員の連携による支援──「こんな子どもにこそ、進路の保障を！」

A子は小学校三年生のとき転校していますが、その際には自分だけで学校へ書類を持って行き、転校手続きを済ませたといいます。中学生になると、四人分の弁当を作って兄たちに持たせるような、やさしく、しっかりとした子どもでした。

そのA子が、私の勤める中学校に入学してきました。一年生のころは、なんとか無事に過ごすことができましたが、二年生になると、私たち教員は厳しい現実と直面することになりました。A子がまったく学校に来なくなったのです。

A子の家は兄の友人たちが集まる場所になって、A子自身も兄とその仲間たちに引きずられるように昼夜逆転の生活に陥ってしまったのです。A子が学校に来ない一年間が、あっという間に過ぎてしまいました。担任や学年教員の必死の働きかけにもかかわらず、そうなってしまったのです。私は、教員としての無力感を味わいました。

しかし、三年生になると状況が一変しました。A子が学校へ来るようになったのです。教員のねばり強い支援の成果だったかもしれませんが、いちばんの理由は、本人の気づきでした。「こんなことをしてたらあかん。将来は、医療関係の仕事に就きたい。そのためには学校へ行かなければ」……そう思って、がんばりだしたのです。

このとき、若手の女性教員が志願してA子の担任を受け持ちました。私は英語の授業を通じたかかわりでしたが、A子を支援しようと努力しました。しかし、丸々一年間のブランクは大きく、しかも彼女は生きていくことに精いっぱいで、勉強にまでなかなか手が回っていませんでした。このツケを一年間で挽回できるのだろうか……。学年の教員は、必死になりました。

夏休みには教員が交代でA子を囲んだ勉強会を開き、一から勉強をし直しさせました。当時は、成長社会のまっただ中。いまのように単位制や通信制などのさまざまなキャリアコースのない時代です。働きながら学ぶ定時制という受け皿はありましたが、それも、「人生の落伍者」というような誤ったイメージをもたれてしまうような時代だったのです。

定員割れするような全日制の高校はあるはずもなく、私立高校ですら専願（単願）でも普通に勉強している子が不合格になってしまう時代でした。

私たちは、勉強会を進めていくプロセスで、彼女のこれまでの境遇を聴き取り、彼女に寄り添いながら支援を進めました。彼女のひたむきさに教員は心を打たれ、支援を強化していったのです。「こんな子どもにこそ、進路を保障しなければいけないのだ」と。

とはいうものの現実は厳しく、一学期の定期考査の点数は、軒並み10点台やら一桁の点数。昔は「三割保障」という言葉をよく使ったものです。テストで三割以上正解を取らせることができれば、高校への進路はなんとかなるという言葉です。しかし、その三割が遠いのです。

「大歓声の75点」――担任のがんばりと学級の子どもたちの支援

ところが、進路選択も押し迫った二学期の中間考査で、A子は英語のテストで75点をたたき出したのです。「答案用紙を返すとき、何と言葉をかけようか」……思案しているうちに、そのときが来ました。A子の名前を呼び、答案用紙を本人に手渡した直後、耳をつんざく大歓声があがり、クラス全員がA子の健闘をたたえました。隣で授業をしていた教員が、わざわざ様子を見に来たくらいだったので、大歓声はそうとう長い時間続いたのでしょう。私の教員経験のなかで、こんな大歓声を聞いたのは、後にも先にもこのときかぎりでした。

この結果は、A子に常に声かけをし、「A子の進路をみんなで勝ち取ろう」とクラス全員にも訴えていた担任のがんばりの成果でした。これに応じて、授業中はリーダーの女子が自分の机をA子の机に寄せて授業のフォローをし、ほかの子どもたちもそれぞれA子を支援しました。

私はあるとき、英語のプリントをA子に見せながら、「このプリント見ても、さっぱり意味がわからへんやろ？　単語の一つ一つを辞書で調べて、日本語で書いていってみ。それ続けてたら、そのうちなんとかなるからな」とアドバイスしました。数日後、「深美先生、これでええの？」とA子からプリントを受け取った私は驚きました。英語の長文の周辺部が、日本語で真っ黒に覆われていたのです。仲間たちの支援を受けながら、書き込んだのだと言います。

「合格」の勲章を受け取ったA子

半面、A子はやんちゃな面も多々ある子でしたので、保健体育や音楽などの実技教科に対して、積極的ではありませんでした。

体育の授業のプールは、理由をつけてほとんど見学をし、このままでは二学期の体育は危ういというところまできていました。

九月初旬の長雨が降る肌寒い中、何人もの女子がプールに入っていました。

A子にプールの授業の補習を受けさせるため、担任教員が女子全員に提案し、子どもどうしも「A子と一緒にプールに入ろう」と呼びかけをし合ったのです。結果、A子はプールの補習に参加することができました。

こうした積み重ねが、あの大歓声につながったのです。

そしていよいよ入試を迎え、A子は奨学金の力を借りて、ある私立高校を受験することになりました。そして、猛特訓の結果、「合格」の勲章を受け取ることができたのです。

私たち教員は、彼女の合格後、高校へ出向き、この間の事情を話し、「よろしくお願いいたします」と、彼女の将来を託しました。

あと一回の遅刻で留年の危機に

三か月後、夏休みの学校で個別の学力支援をしていた私のもとに、A子の通う高校の先生から電話があり、A子の休みや遅刻が増えてきて、進級が危ない状態であること。夏休みでとりあえずたりない部分を補いたい旨を告げられました。私はほかの教員に学力支援を任せ、A子の家へ行き、寝ぼけ眼のA子を無理やり高校へ連れて行きました。

一学期はなんとかクリアしたのですが、欠席と遅刻が徐々に積み上がり、あと一回の遅刻で留年決定というところまで追い詰められたのです。こうなるとあとは支援を強化するしかなく、毎朝電話をかけ、A子を起こしました。電話に出ないときにはA子宅を訪れ、無事に起きたことを確認してから職場に向かいました。何週間か遅刻のない日が続き、残りが三学期の半分を割るところまできました。私は、「これでなんとかなるのでは」と思っていました。

あの日もいつものように、電話でA子を起こし、私は学校に向かいました。朝の学活が終わり、職員室へ戻ったとき、私に電話があったのです。時刻は八時四〇分を回ったところ。A子からの電話だとしたら絶望的な時間です。電話に出ると、泣きじゃくるA子の声……。すべてを悟った私は、A子を落ち着かせ、「どうした?」と聞きました。A子は、駅の前で自転車が転倒し、乗るべき電車が目の前を通り過ぎていったのだと言います。

それから、私は何をしたか覚えていないくらい動き回りましたが、結局、彼女の留年は決定し、そのため奨学金はなくなり、Ａ子が学校にとどまることは絶望的になりました。私もひととおりの支援をしましたが、結局、退学になってしまったのです。それからは、職業安定所（一九九〇年からハローワーク）へ一緒に行ったことなどもありますが、結局、アルバイトをつないで生きていく道をたどったようです。

不登校になることの重い意味

十年ほどたったある日のこと、偶然、道でＡ子と出会いました。保険関係の仕事に就き、子どもも生まれ、充実した生活をしていると言います。元気なＡ子の姿を見て、当時のことを思い出しました。「なんとか幸せになってくれているんだな」――不登校になることの重い意味を噛みしめながらも、少しホッとしました。

周りの子どもたちと教員の支援、本人の気づきがあって、Ａ子は高校入学を果たすことができました。けれど、結果として高校中退となってしまったという現実……。長い教員経験のなかでは、こうしたどうにもならなかったことはたくさんあります。教員としての自分のいたらなさ、無力感を何度味わったことでしょうか。

親から子どもへ――「不登校スパイラル」

完全に不登校だったB子が父とともに学校へ来た！

A子と並んで私が忘れられないエピソードに、B子とその父親のことがあります。

B子は幼少期から精神的に不安定な部分が大きく、周囲ともうまくいかないことが多々あったようです。中学一年のときには、過呼吸による発作を起こし、車で病院に運ばれたこともありました。また、B子は教師に不信感をもっていて、心を開いてくれませんでした。家庭訪問をしても家へ入れてもらうこともできず、あきらめて帰ったことが何度もありました。会えたとしてもほんの少し話せるだけ。私自身、自分の力のなさに愕然とする日々が続きました。

不登校気味だったB子が、完全不登校に陥ってしまったのが三年の二学期でした。家の電気は消えたまま、生死すら不明の状態で、いよいよ警察への通報を考えなければ、と腹をくくろうとしていたとき、B子の父親が本人を連れて、ふいに学校へ来たのです。

「先生、この子の進路を考えてやってくれませんか」――ほとんど会うことのできなかった父親が、娘を連れて来た……。私は、腰が抜けるほど驚きました。

B子は通信制・単位制の学校へ進学

父親の話を聴くと、保育所からかかわってくれた保護者の方々が、声かけをしてくれたといいます。多くの人によってまかれていた種が、土壇場になり結果となって表れてくれたのです。

進路決定が間近に迫った時期でした。そうとなれば、時間はほとんどありません。学年の教員総出で、別室での個別支援を始めました。B子はその日から、学校へ来るというハードルを徐々に乗り越えてくれました。

問題は、彼女の進路でした。それまでは全日制と定時制（夜間）という選択肢しかなかったところに通信制・単位制の私立高校が加わり、子どものニーズとライフスタイルに合わせた学校の形ができたばかりでした。はたして、B子はその高校をどう感じるだろうか。きちんと通学し、卒業までもってくれるだろうか……。私の頭の中は不安だらけでした。

通信制・単位制の私立Y学園高校には入試はなく、入学手続きの段階から、入学後のガイダンスとなっていました。学力面のハードルはない状態で、問題は入学後のレポート提出でしたが、これも、スクーリングの中で、大部分がフォローできる体制をつくってくれていました。これなら何とかなるかもしれない……。B子は無事に卒業式を迎えることができたのです。

私は、旧知の仲だったその高校の先生に、彼女のことをお願いしました。

不登校スパイラルを断ち切ってこそ

卒業式を終えてまもなく、私はB子の奨学金の口座をつくるために、B子の父親を車の助手席に乗せ、銀行へ向かっていました。

車中、B子の父親の出身中学校に話が及んだとき、私は大きなショックを受けました。彼の出身中学校は、私がかつて教員をしていた中学校だったのです。彼の年齢から逆算すると、私が学校にいたとき、彼は在籍していたはずです。しかも、彼は完全不登校だったというのです。担任の名前すら覚えておらず、彼の口から出てきたのは中学校への恨みごとだけだったのです。

私は言葉に詰まりました。もしかしたら、私が彼の担任だったのかもしれません。彼を無視していたのは、私だったのかもしれない……。担任でなかったとしても、彼の存在に気もとめることがなかった私自身の姿に、絶句しました。私の心は固まり、もはやその話題にふれることはできず、話題を変えました。銀行へ到着する時間がとても長く感じられました。

不登校に対する扱いは、以前はこのような感じだったのかもしれません。しかし、これは、不登校が不登校を生み出すという負のスパイラルではありませんか。だとしたら、教育の機会均等や対等・平等といった理念は、負のスパイラルを断ち切ってこそいえるのではないか……。私は、この事実をしっかりと胸に刻みこみました。

「不登校スパイラル」の終止符を願って

それから数年がたったある日のこと。年度初めの家庭訪問の道すがら、向こうから大きい声で「深美先生！」と声をかけてくる人がいました。

一瞬、「保護者かな？」と思いました。日傘をさした大きいおなかをした女性だったからです。相手がだれかはすぐにわかりました。「Bさん！」私は名前を呼び返しました。中学時代のB子とは別人のような明るい笑顔で、重たそうにおなかを抱えながら足早にこちらに近づいてきます。「……あのね、先生。私、Y学園高校行くのすごく嫌やってん。先生に『ここしかない』って言われた気がして。そやけど、学校行ってみてほんとによかったって思った。私に合ってる学校やった。いまは深美先生に感謝してるよ。高校で知り合った人と結婚して、もうすぐ子どもも生まれるねん」

私は、B子の幸せそうな顔を見つめながら、安堵感を味わうとともに、不登校スパイラルが彼女で終わることを、切に願いました。

いじめ・不登校の解消の鍵《かぎ》は「人間関係づくりの授業（ガイダンスカリキュラム）」

私自身が遭ったいじめ体験から教職をめざしたこと、そして教員となってから、出会った不登校の生徒のケースを二つ、ご紹介しました。

「いじめ・不登校をなくしたい！」——という共通の教員の思いがあります。しかし現在の対症療法的な方法では、後追いの指導に終始し、私たち教員は無力感を味わうことになります。

私自身のさまざまな経験から、教員個人の力は弱いものであることを痛感し、教員がチームとなって取り組むことの重要性と、指標となるカリキュラムの必要性を実感しました。

こうした経験を経て、私がようやくたどりついたのが、参加体験型の授業を通して、人間としての根底からの成長を促す「人間関係づくりの授業」なのです。

いじめ・不登校の未然防止には、「依存的なあり様《よう》」（攻撃的なあり様・受け身的なあり様）からどう成長していくか、が重要な課題になります。人間関係づくりの授業では、依存的なあり様から起こるさまざまな行動に対して働きかけを行い、子どもたちの気づきの積み上げを通して、子どもたちが主体的なあり様の人間へと成長できるように支援していくのです。

いじめ・不登校はなぜ起こるのか。そして解消するにはどうしたらいいのか……。私がたどりついた答えが本書にあります。

第1章

なぜ、いま人間関係づくりの授業なのか

――社会の変化に追いつかない教育現場の実態

変容した社会に対応するには、教育の基盤に人間力の育成を！

「成長社会」から「成熟社会」へ

ここでは、いまの教育の問題を問い直すために、社会の変容についてみていきます。

現在の社会は「成長社会」から「成熟社会」へ移行したといわれています。

一九九〇年代から現在にかけて「失われた二〇年間」と表現されることがあります。しかし、私は「目標を見失った二〇年間」だったと思っています。その中でも、九〇年代の十年間は、現在の成熟社会を大きく規定する十年間だったのではないでしょうか。

ソ連の崩壊に始まり、バブル経済の崩壊。この二つは、単に「五五年体制」といわれたこの国の政治状況を変えたばかりでなく、私たちの世界観や人生観に大きな影響を与え、子どもたちのキャリア意識育成においても大きな転換点となりました。

とくに、バブル経済崩壊への自覚は、一九九〇年代半ばになって、「あれは崩壊だったのだ」とやっとわかってきた状態であり、中学校の進路指導でも、あれよあれよという間に中学校卒業後の就職が厳しくなってきたのです。

資料）「成長社会」から「成熟社会」への転換　時代のかわりめはどこ？

	国際情勢	国内情勢	教育情勢
1979 年			HK 君自死
			校内暴力
1981 年		中国残留日本人肉親捜し	
1986 年		バブル絶頂期	SH 君自死　第一波
1989 年	ベルリンの壁崩壊		
	子どもの権利条約		
1991 年	ソ連崩壊		
1992 年	EU 発足		
1993 年		55 年体制崩壊	
1994 年		バブル崩壊への自覚	OK 君自死　第二波
1995 年	人権教育のための国連	阪神淡路大震災	グループ・アプローチの
	10 年	オウム真理教事件終結	誕生
		Windows95 発売	松原七中地域フェスタ
		携帯電話普及	
1996 年			労働体験学習
1997 年	京都議定書	介護保険法成立	酒鬼薔薇聖斗事件
1998 年		自死者 3 万人突破	「トライやる・ウィーク」
			不登校 12 万人突破
2000 年		西鉄バスジャック事件	*1990 年の 2 倍
2001 年		（17 歳の殺人）	不登校 13 万 9 千人
2002 年	日韓ワールドカップ		「総合的な学習の時間」
			開始
2003 年			松原七中研究開発
2004 年	グローバリズムの広がり	改正労働者派遣法成立	ガイダンスカリキュラム
		＊生活の二極化の進行	の成立
2006 年			いじめによる自死頻発
2008 年	リーマンショック	派遣切り，秋葉原事件	
		スマートフォン発売	
2009 年		ひきこもり 70 万人	暴力件数，中学校 4 万
		予備軍 155 万人	件突破
			虐待 4 万件突破
2011 年	アラブの春	東日本大震災	
		福島原発事故	
2012 年			大津いじめ事件

労働意識や就労の実態の変化が大きな教育課題に

こうした経済状況を受け、一九八一年の第一回訪日調査に始まる中国からの帰国や日系外国人の渡日（一九九〇年代）に限られていたものが、それ以降は研修生の名目で、渡日外国人の方々の労働力としての受け入れが始まりました。要するに、バブル崩壊後の産業構造において、安い労働力（専門職以外の労働力）としての外国人の受け入れが始まったのです。

労働に対する意識や就労の実態が、渡日外国人の方々を受け入れる教育現場の課題としても、子どもたち全体のキャリア意識育成という観点としても、大きな教育課題となってきました。

さらに、一九九〇年代半ばには、高齢化社会への移行が本格的に進んでいきました。その状況を受けて、介護保険法が一九九七年に成立。高齢化社会と核家族社会への移行が同時進行でやってきたのです。現在、都市部では、核家族から個（孤）族（＝家族の崩壊）と呼ばれる個々の関係がいっそう切り離された状態へと移行しつつあるのです。

その個（孤）族化に拍車をかけたものが、高度情報化社会への移行でした。

一九九五年のWindows 95の発売は、社会のＩＴ化を急速に進めました。それまでは、家電（いえでん）やポケベルだった通信機器が、一九九五年ごろから一気に携帯電話やＰＨＳの普及へと広がりました。

さまざまな事件の根本に、社会の変容と教育の問題が

自死者が三万人を超えたのも一九九八年。一九九七年には全国の不登校生の数が十万人に達し、一九九八年には一二万人を超えました。以降、その数は二〇〇一年の約一三万九千人を頂点として、二〇一〇年にいたるまで一度も一二万人を下回ることがない状態が続いていました。一九九二年には約七万人でしたから、生徒数の減少を考えると約二倍の増加です。

産業や景気の観点でいえば、二〇〇四年の改正労働者派遣法成立により、製造業において派遣労働者の雇用が可能になりました。二〇〇八年には、全就労者の三割が非正規労働者という、きわめて不安定な経済基盤のうえに生活を強いられることになったのです。この年に起こったリーマン・ショックの影響による「派遣切り」という非人道的な雇用の打ち切りがさらに拍車をかけ、生活における二極化が現在にいたるまで確実に進行しているのです。

この社会状況下で、「オウム真理教事件」が一九九五年までに進行し、一九九四年にいじめ自死第二波の象徴的な事件とされる「ＯＫ君に対するいじめと恐喝・暴行による自死」が起こりました。一九九七年には神戸の「酒鬼薔薇聖斗事件」。二〇〇〇年に「西鉄バスジャック事件」を起こした一七歳の少年は、いじめを受け、不登校だったそうです。これらの出来事の根本には、社会の変容と、それについていけない教育の問題が存在していることは明らかです。

情報リテラシーの未成熟な社会で起きる出来事

高度情報化社会の進行は、人間社会にとってさまざまな利益をもたらしてきましたが、携帯電話などの情報端末をもつ人々の低年齢化に拍車をかけました。人々の中に情報リテラシーが成熟していくスピードをはるかに超えた広がりだったといえるでしょう。

かつて家の電話しかなかった時代は、家族の視線を気にしながら電話をかけていたものですが、一人一台を占有できる現在は、そんなことは気にせず、長電話をしたり、メールをしたり、ネットの世界にはまり込むことができます。これが、情報リテラシーの未成熟な社会において、多くの悲しい出来事を引き起こしている事実は周知のことです。携帯電話とは、使いようによってはライフラインとなりますが、一歩間違えば、人間どうしのリアルな関係性を一気に断ち切るだけでなく、一人の人間を簡単に危険な世界へ引きこんでしまう凶器ともなり得るのです。

現代社会は、生活苦による生活破壊と個（孤）族化の進行による家族破壊により、年齢を問わず生存権がおびやかされている時代であるといっても過言ではないでしょう。

「ひきこもり七〇万人、予備軍一五五万人」（一五歳〜三九歳の調査　二〇一〇年の七月に内閣府）、人口比で表すと、百人中六人がひきこもり状態とその傾向にあることになります。人々の関係性が薄れ、関係性により育てられる人間の認知力が弱められていく現実が理解できます。

事件の背景に生活破壊と家族破壊

規範意識とは、人間の関係性を通じて形成され、具現化されていくものだとすれば、生活苦と個（孤）族化の進行により、人間どうしの基本的な関係性や社会と人間とのつながりが希薄化していくことで、広い層の人々において規範意識が急激に失われていることが想像できます。

二〇〇〇年以前に比べ、少年犯罪が凶悪化したかどうかという論議があります。

警察庁発表の数字では、件数も増えず、凶悪化もしていないことが読み取れます。また、凶悪な犯罪も、昔から起こっていたものだという見方もあります。

私はこの論議に異を唱えるつもりはありません。私が言いたいことは、一つ一つの事件の背景にあるものが、かつてと比べると、異質なものであったり、社会的な大きな現象を背景にしているということなのです。その社会的な現象こそが生活破壊と家族破壊なのです。

二〇一三年七月、厚生労働省から、二〇一二年度の全国の児童相談所における虐待相談件数が二二年連続して増加し、六万六千件を超えたというニュースが発表されました。この数値の増加も、虐待に対する意識が高まってきた結果であるとも言えますが、高齢者虐待防止法が二〇〇六年に施行されたことなどを考えると、単に子どもに対する虐待への意識が高まったうえの増加であるとは断定しがたい状況なのではないでしょうか。

「秋葉原連続殺傷事件」の被告の証言と報道

二〇一〇年七月、二〇〇八年に起きた一七人が死傷した東京・秋葉原連続殺傷事件に関する公判における被告の証言での報道概要は次のようなものでした。

【被告は、被告人質問において、事件の背景には「親のせいではない」としながらも、事件の背景には母親からの厳しいしつけがあったことを述べた。事件の原因について被告は、「私のものの考え方、掲示板での嫌がらせ行為、掲示板に強く依存していた私の生活のあり方」という三つの理由をあげている。そのうち、被告が「何か伝えたいときに、言葉ではなく行動で示そうとする考え方」をもってしまった背景としたのが母親の「体罰」だったという。トイレに閉じ込められ、二階の窓から落とされそうになったり、泣くと口にタオルを詰められ粘着テープを貼られた、という。いっぽう、先だって行われた被告の両親への非公開尋問の中で、母親は「夫が毎日酒を飲み、帰りが遅く暴れたり帰宅しないこともあった。イライラして子どもに八つ当たりすることもたびたびあったが、あくまでしつけの一環と思ってしまった」と述べた。

このように、幼少期からのつらい経験が、事件の背景にあったことを被告は語った。茨城県の工場へ派遣されていた二〇〇六年当時、被告は、「職場での人間関係が希薄で友人ともメール交換するだけで、直接会わなくなり、孤独感があった。掲示板にのめり込んでいた」と言う。

掲示板への依存については、「自分が自分に帰れる場所」と説明し、「利用していた掲示板で私になりすます偽物や嫌がらせがあった。事件を起こしたことを報道を通じて知ってもらえれば『嫌がらせをやめて欲しい』と言いたかったことが伝わると思った」と述べた。】

この日、テレビ報道で、番組のキャスターはこのようなことを言っていました。「どんな理由があろうとも、このような事件は絶対に許せませんね。怒りを覚えます」と。

無差別殺人という非人道的な事件に対して、どんな理由があろうとも、犯人に同情すべき余地はありません。しかし、マスコミの責任とは、個人を批判するだけでなく、二度とこのような悲劇が起こらないような、根本的な変革を世に問うものであるべきなのではないでしょうか。

被告にすれば、親の虐待により心が空洞化したまま成長をした結果、人間関係がうまくいかず、ほっとできる唯一の場所が掲示板の世界だったのです。不特定多数が集まる匿名性の高い掲示板の世界で傷つけられた彼は、不特定多数の何ら関係のない人たちに対して凶行に及んだのです。彼自身のなかの凶行にいたるプロセスの中には、おそらく矛盾はなかったのでしょう。

いじめや虐待により、心が空洞化したまま成長していけば、こうなる可能性があるということです。空洞化した心の中に、人間としての核を育てていく何らかのシステムが社会になければ、こうした事件は頻発していくことになります。このことこそ、世に問うていかなければならないことであり、マスコミ自体が方向性を指し示すべきことなのではないでしょうか。

主体的なあり様《よう》をめざさなければならない時代に直面

「阪神淡路大震災」が発生した一九九五年はボランティア元年と呼ばれ、人間としての絆やつながりの大切さが叫ばれました。これを教訓に、兵庫県では「トライやる・ウィーク」という大々的なキャリア教育を進めていくこととなりました。

教育の現場では、国際理解、情報、環境、福祉・健康などが課題として提示され、横断的であり包括的な力の育成をめざした「総合的な学習の時間」が、一九九〇年代半ばから試験実施が行われ、二〇〇〇年から移行実施、二〇〇二年に本格実施されました。

教員が熱意を込めて一つの方向を指し示せば、子どもたちがいっせいに視線を向けてくれる時代は終わりました。

生きていくうえでの指針が一つではなくなり、さまざまな規準や動機が生まれました。社会はそれを容認し、促進した結果がいまの社会です。その意味では、包括的な生きる力をめざした「総合的な学習の時間」の制定は、時を得たものでした。ただ、それを生かしきれるだけのレディネスが教育の現場には備わっていなかったのです。

教育の基盤に人間関係づくりや人間力の育成を立脚！

「成長社会」では、依存的に生きていたとしても、世の大勢についていけば何とかなるという幻想に囚われていたのです。

「成熟社会」では、その幻想すら奪われ、個としての人間のあり様や成長が問われる厳しい時代となったのです。教員だけでなく、社会、地域、保護者、子どもにも、「成熟社会」に対するレディネスがなかったといえるでしょう。

だからこそ、個として自立し、依存的ではなく主体的に生きていくという生き方のあり様を、大人も子どももめざさなければならない時代に直面しているのです。

未曾有の被害と原子力の恐ろしさに直面することになった二〇一一年三月一一日の東日本大震災。いまだ残るつめあとと放射能の恐怖。あのとき以来、だれもが絆と復興を心に誓い、一人一人ができることを最大限に追求しているのだと思います。被災地に多くの教員が支援要員として駆けつけました。そして、被災地の復興と被災地の人々の支援から、いまの社会が進むべき新しい方向をつくり出そうとしているのです。

いまこそ、教育の基盤に人間関係づくりや人間力の育成を立脚し、それを推し進めていかなければならない時代に突入しているのです。

第2章

依存的なあり様《よう》から、主体的なあり様へ

——主体的なあり様（をめざす）人間への成長

いじめによる自死、「葬式ごっこ」より

一九八〇年代から多発したいじめ自死

「葬式ごっこ」……いじめによる自死が大きな社会問題となった、この忘れることのできない出来事から、いじめの問題と解消のヒントをみていきたいと思います。

一九八六年二月、東京都N中学校二年生、SH君が自死しました。

彼の生前、クラスの子どもたちが、SH君が死んだことにして「葬式ごっこ」を行い、追悼色紙に、クラスのほとんどの子どもがメッセージと署名を残しただけでなく、担任を含む4人の教員が署名をしました。

SH君は、東京から遠く離れた盛岡のショッピングセンターにあるトイレの一室で、「このままじゃ『生きジゴク』になっちゃうよ」という遺書を残し、自らの命を絶ったのです。

この事件は、一九八〇年代半ばに多発したいじめによる自死第一波の中心的な出来事として位置づけられています。

学校教育側からの問題提起・実践報告が少ない

いじめによる自死はこの後も続き、一九九四年一一月、愛知県西尾市T中学校二年生、OK君がいじめの実態を書き綴った遺書を残し、自死しました。OK君へのリンチの凄惨さと百万円以上も脅し取られていた実態に、社会は騒然としました。この事件とその前後に起こったいじめによる自死は、第二波と呼ばれています。

いじめによる自死を取り上げた書籍は数多く出版されています。しかし、その大半は学校教育への告発、学校教育への不信感から出発したものであり、学校側からの問題提起や実践報告に、私は数えられるくらいしか出会ったことがありません。

「いじめ」の特質上、学校教育における汚点としてとらえ、問題の本質を隠さざるを得ないと感じる学校教育側の防御的本能が働くのでしょうか。または、「どうすることもできない」厳しい学校教育の実態と相対したときに、教員の感覚が麻痺《まひ》してしまうのでしょうか。

いずれにしろ、子どもが自死をするという凄惨な事実を突きつけられたとき、遺族の方々の気持ちを推し量れば、事実を明らかにできない、事実が解明できないというあいまいな状態ですむ問題ではないことくらいわかるはずなのに……。

書籍『葬式ごっこ』に、いじめによる自死を未然に防ぐヒントが

事件発生当時、朝日新聞東京本社・社会部記者だった豊田充氏は、SH君の自死について取材を続け、一九八六年四月に『葬式ごっこ』（東京出版）を発表。その後、一九九四年一〇月、『「葬式ごっこ」八年後の証言』（風雅書房）、二〇〇七年七月、『いじめはなぜ防げないのか――「葬式ごっこ」から二十一年』（朝日新聞社）を出版。豊田氏の著作には、教員として学ぶべきところが多く、いじめによる自死を未然に防ぐヒントがここにあると感じました。

後者の二冊は、「葬式ごっこ」にかかわったSH君のクラスの子どもを、八年後、二一年後に追跡取材したもので、「葬式ごっこ」前後の自分の姿と、SH君の自死、その後の自分たちの進路選択や生き方を追いかけたのです。SH君はいろいろな問題を起こしていたAたち（いじめた側）のグループの中で、「パシリ」的な存在でした。

豊田氏の著書『「葬式ごっこ」八年後の証言』では、SH君の当時のクラスメイト一〇人に取材を行っています。その中から三人の証言について、私なりに重要だと思われる部分を抜粋して取り上げます。下段には、その証言から読み取れる教訓と、学校教育に必要なものについて私が思うところを示しました。（※豊田氏は、登場人物をすべて仮名とし、都道府県名を使用しています。証言は、私が豊田氏の取材を抜粋・要約・強調したものです。）

秋田さんの場合

●私は（色紙に）署名しないで、次に回したんだけど、私の後ろの席に、仲のいい宮城さんがいたので、小声で「書くのやめなよ、かわいそうじゃん」と言ったら、彼女も書かなかった。私は「お葬式は冗談にしちゃいけないことだ」と思ったから、署名しなかった。**小学校のとき、祖父が死んでお葬式があった。そのときの雰囲気を覚えていたから、そう思ったのだと思う。**

●祖父のお葬式があったから、と言ったのは、親がそう思っているから、無難に合わせておいた。……小学校低学年のとき、いじめっ子だったが、高学年でいじめられる立場になった。無視されて「自殺しよう」と本気で考えた。**一人だけ仲よくしてくれた子が、「あんた、こういうところが悪いよ」とか、「相手はこう思っているよ」とか言ってくれた。この体験がなかったら、色紙にも書いていたと思う。**

●学校では毎日、世間を渡っている、という感じだった。

●中学生のときは、考えが浅くて、SH君が亡くなったのは、A君たちのせいだ、とか思ってたけど、私だって同級生なのに、助けるというか、何もできなかったんだから、私にも責任があるんだ。いまは、そんなふうに思える。

・子どもたちどうしのフィードバック

・人の生死にかかわる体験

・いじめた経験、いじめられた経験をきちんと自己認知できる力

・いじめをいじめとして認めることのできる力

愛知君の場合

●いじめが始まると、クラス中がわーっと盛り上がった。実際に手を下すのは、AやBたちのグループ七、八人だったが、ほかの者が囲むようにして、「やれ、やれ」とはやし立てた。**そこに善悪のことなんか、出てこなかった。**

●刺激に飢えていた。**将来の夢なんて、だれももっていなかった。**ぼくらは、不自由なく育った。つらいこともなかったけど、楽しいこともなかった。

●SHがいじめられる前に、山形がいじめられていた。「ここまでやっちゃ、まずいよ」というくらいの、本物のいじめだった。……山形がいじめられたときは、SHは盛り上げ役だった。「もっとやっちゃおうぜ」とかSHも山形に手を出した。**山形が二年の二学期に転校しちゃってから、SHがターゲットになった。**

●**相談相手になってもらえそうな教師はいなかった。**小学生のころから、大人に人生観みたいな話を聞くのが好きだったが、先生たちは聞いても、何も出てこないように思えた。投げちゃったような先生も多かった。

・いじめが起こる集団での規範意識の欠如

・将来の夢をもつ

・いじめる子がいじめられる

・相談相手としての先生

石川君の場合

●おれもＳＨを殴ったことがある。彼が弱くて、抵抗しないのを知っていたからだ。あの連中だって、そう強いわけじゃない。それでも、数を頼んで、あとあとまで何かとうるさい。だから、いじめがあっても、下手にとめに入ったら、次に自分がやられる、とみんな思っていた。

●教師に対してだって、弱いと見たら、なめてかかる。担任もＢに殴られて、ろっ骨を痛めてから、権威をなくした。**葬式ごっこの色紙だって、なめられている先生をねらって、回された。**

●あの当時、気持ちがすさんでいた……**学校でいつも、強がっていた。攻撃態勢をとっていないと、弱みを見せたら、やられかねない。**……高二の後半ごろから、みんな大人になったというか、あいつはあいつなりにやっているんだ、というふうに、**互いに認め合うようになって、緊張から解放された。**

●色紙には「百円返せ」と書いているでしょう。もちろん、ふざけだが、ぼくは**彼が生きているという前提で書いた。**死んだことにするのは、嫌だった。……まあ、逃げたわけですね。書きたくて書いたんじゃない。でも、書かずには済ますことができなかった。

・とめに入ると集団でやられる

・教員どうしの連携の重要性

・認め合うことができて、攻撃性を克服

・同調圧力とその中での抵抗

です。

教員が「責任をもった主体的なあり様《よう》」を提示することが大切！

豊田充氏の『「葬式ごっこ」八年後の証言』『いじめはなぜ防げないのか―「葬式ごっこ」から二十一年』に記された証言のすべては、教員が教訓として深く胸に刻み込むべきものばかりです。

実際、教員が現場でいじめに直面したとき、その対応や支援がどれほど当事者や周りの子どもたちに行き届いたものになっているのか、検証することはむずかしいものです。

問題がこじれ、解決にいたらないとき、教員は主観的あるいは防御的になってしまいがちです。この私たちのあり様を、防御的にならないプラスのベクトルで、日々、教育現場で実践していくには、私たちはあまりにも経験不足であるといえるでしょう。

しかし、教員が大人のモデルとして子どもたちの前に登場している以上、「責任をもった主体的なあり様」を提示しなければなりません。問題は、そういうあり様をめざさない教員にあるのです。

私は、SH君の自死にかかわる問題を二〇年以上も追いかけ、いじめによる自死を検証された豊田充氏に、教員だった者として敬意を表したいと思います。

依存的なあり様から主体的なあり様へ

いじめ防止の鍵《かぎ》は「市民性の教育」

森田洋司氏（日本生徒指導学会会長・大阪市立大学名誉教授）は、一九八六年『いじめ　教室の病』（金子書房）において、傍観者・観衆・加害者・被害者という「いじめの四層構造」を唱えました。

この森田洋司氏の分析は、いじめによる自死第一波の時期であり、森田洋司氏の実証的な研究は、多くの教員のいじめ未然防止の支えとなりました。

豊田充氏も前述の愛知君の証言にふれ、「これほど（四層構造と）一致する『証言』に接したのは、初めてだった」と述べているほどです。

森田洋司氏は、国際的な比較研究から、アメリカやヨーロッパでは、小学校から中学校と学齢が上がるにつれていじめの事例が減っているにもかかわらず、日本では年齢が上がるにつれていじめの事例が増加していくことを取り上げ、日本では教育として定着していない「市民性の教育（シチズンシップ教育）」の実践が鍵であることを強く訴えているのです。

シチズンシップ教育とは、簡単にいえば、子どもたちが社会にかかわり、自らと社会を重ねて考えることのできる力を育成していこうというものです。

こうした教育のシステムが社会や地域や学校に存在すれば、傍観者の中から、いじめをやめさせる、「仲裁者」が育ってくるのです。

では、この「仲裁者」とは、いったいどういう人なのでしょうか。

私は、松原第七中学校における効果測定の経験、人間関係づくりの授業の実施、構成的グループエンカウンター、アサーション・トレーニング、ストレスマネジメント教育をはじめとする数々のグループアプローチが積み上げてきた実績などに考察を加えることで、一つの結論に達することができました。

森田洋司氏がいう「仲裁者」の姿をいかにイメージしていくかが、大きな鍵なのです。

図1　いじめ集団の構造『新訂版　いじめ　教室の病い』（金子書房，1994年）

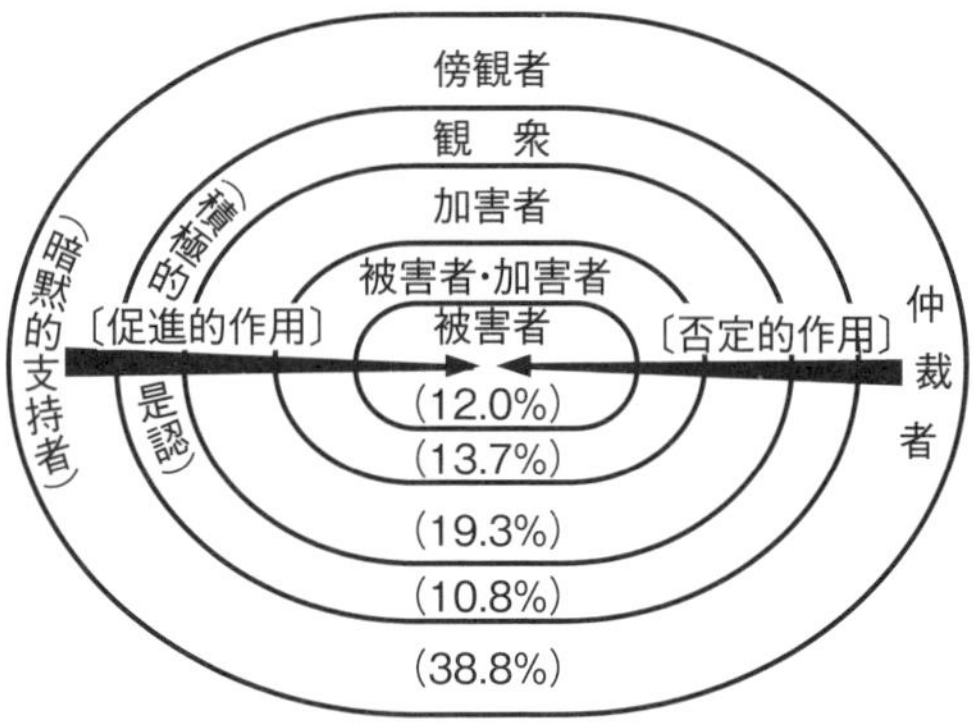

図中（　）内は構成比

アサーションとは

アサーションは、アメリカで一九五〇年代から心理療法のカウンセリングにおける一つの表現方法として開発されました。その後、一九七〇年に、ロバート・E・アルベルティとマイケル・L・エモンズの共著『Your Perfect Right』（日本語版「自己主張トレーニング」菅沼憲治、ミラー・ハーシャル訳　東京図書）の中で提唱されたアサーション権という概念により、多くの人々に知られるようになりました。彼らは、著書の中でこう述べています。

「人はだれもが他の人を傷つけないかぎり次の三つの権利をもっています。

①自分自身である権利
②自分自身を表現する権利
③以上のようにすることに（無力感や罪悪感なしに）満足する権利」

この三つの権利を総じてアサーション権といいますが、「自分のことを自分らしく表現することができない」状態、言いかえれば、「自己主張することを力の不均衡により奪われた状態」を、個性や性格という問題で片づけるのではなく、「人権が奪われた状態である」と規定したのです。この考えは、アメリカにおける人種差別撤廃の公民権運動や、女性の地位向上のための運動における理論的な支柱となっていったのです。

アサーティブなあり様＝「主体的なあり様」をめざす

アサーション（assertion）は英語で「主張する、断言する」（assert）という動詞の名詞形ですが、手法としての「アサーション」という言葉には、単に「主張」ということだけではなく、「自分のことを大切にしながら、相手のことを想像し、相手に共感しながら、自分の主張を行う」という意味がこめられています。

このような手法をとることができる「あり様」を「アサーティブ」（assertive）といいますが、このあり様と手法を兼ね備えた概念のことを「アサーティブネス」（assertiveness）と表します。

アサーティブなあり様は、「主体的であること」といえます。

主体的なあり様とは、相手の気持ちを想像しながら、自らの考えを主張し、それによって生じる出来事に折り合いをつけ、建設的に発展させることができる姿であり、自らの行動の結果として起こった出来事に対して責任をとろうとする姿です。その姿は、力関係に左右されることがありません。まさに、アサーション権を行使する公平・平等な姿勢を追求する姿なのです。

教員も子どもたちも、アサーティブなあり様をめざすことが、自分も他人も大事にする人間関係をつくり、いじめ・不登校を予防する学級づくり、学校づくりにつながるのです。

受身的なあり様と攻撃的なあり様とは表裏一体

主体的（アサーティブ）な生き方に対するあり様は、依存的なあり様です。依存的なあり様の表れは、攻撃的あるいは受身的です。受身的なあり様と攻撃的なあり様とは表裏一体なのです。

主体的（アサーティブネス） ⇕ 依存的（攻撃的⇅受身的）	

これは、松原第七中学校区の調査からも証明されています。被侵害得点（周りから受ける被害の度合い）の高い子どもは、ストレス対処における攻撃的コーピング（対処）が高く、自己効力感が低い（達成感や向上感をもてない）という部分に相関関係が表れています。

いっぽう、依存的なあり様とは、相手の気持ちが想像できず、自らの考えを相手に押しつけたり、納得のいかないことを無理やり自分のなかに取り入れたりします。その結果、自らの行動の結果として起こった出来事に対して、都合のよいことは受け入れ、都合の悪いことは自分以外の責任として処理してしまいます。つまり、力関係に大いに左右される姿となります。

攻撃的なあり様も実は「依存的」

受身的な人が依存的であることは、すぐに理解できるでしょう。しかし、攻撃的な人も実は依存的なのです。

一見、攻撃的なあり様と受身的なあり様とは対立的にとらえられがちですが、それは誤りです。一つの集団の中で、攻撃的な人がどのようなあり様であるか、想像してください。多くの場合、自分の周りに、自分の主張を押し通すことができるグループをつくり出し、自分に対する賛同者グループを形成して、その集団全体をコントロールしようとします。そのために、グループ外の、自分の主張が通らない人に対して攻撃するのです。

そのあり様とは、実は、グループ内の自分が考えを押し通す、あるいは賛同してくれる人たちに対して依存的に表れるのです。周りに、そういう人たちがいないと、不安でしかたがなく、寂しい気持ちになってしまいます。

受身的なあり様の人は、攻撃的なあり様の人に依存的なのですが、実は、攻撃的なあり様の人もまた、受身的なあり様の人の存在に依存しているのです。主体的な人でなければ、攻撃的であろうが受身的であろうが、依存的なのです。

図2　主体的と依存的

依存的なあり様の人たちの構図

攻撃的なあり様や受身的なあり様は固定されたものではなく、関係性の変化によって、攻撃的なあり様が表れたり、受身的なあり様が表れたりするのです。暴力をふるったり、大声で怒鳴ったりするという行為だけでなく、おだてたり、ほめたりして相手の気持ちや意志を無視して、自分の考えを相手に押しつけようとするあり様も、実は攻撃的なあり様なのです。

この「あり様の変化」に対する認識は、人間関係に関するあり様のメカニズムとして、いじめ・不登校の未然防止にかかわる非常に重要な観点です。

一般的に、依存的な人たちの力関係による支配が貫徹しているグループの構図は次ページ図3のようになります（グループ内での表れであることを前提とし、実際は複雑な構図になります）。

頂点に立つAは攻撃的なあり様を示し、最下層のDは受身的なあり様を示します。中間層のB・Cは上に対しては受身的、下に対しては攻撃的という表裏一体のあり様を示します。最下層のDは、このグループ内では、上からの攻撃性にストレスをため、そのはけ口として、Dの層どうしやグループ外にある自分の家族の弱い部分（弟妹など）に対して攻撃的に出たり、弱い動物の虐待や、物を破壊するなどの行為に表れたりします。そのはけ口すらない場合は、自虐的な行為に走ったりすることもあるでしょう。さらに、図4で表しているように、このグループの中に、Aよりさらに力関係の強いX、Dの下にさらに力関係の弱いYが出現したとすると、攻撃的なあり様しか示さなかったAは、中間層型の受身的・攻撃的なあり様に変化し、受身的なあり様しか示さなかったDも中間層型のあり様に変化するのです。

図3　依存的なあり様の人たちの構図　その1

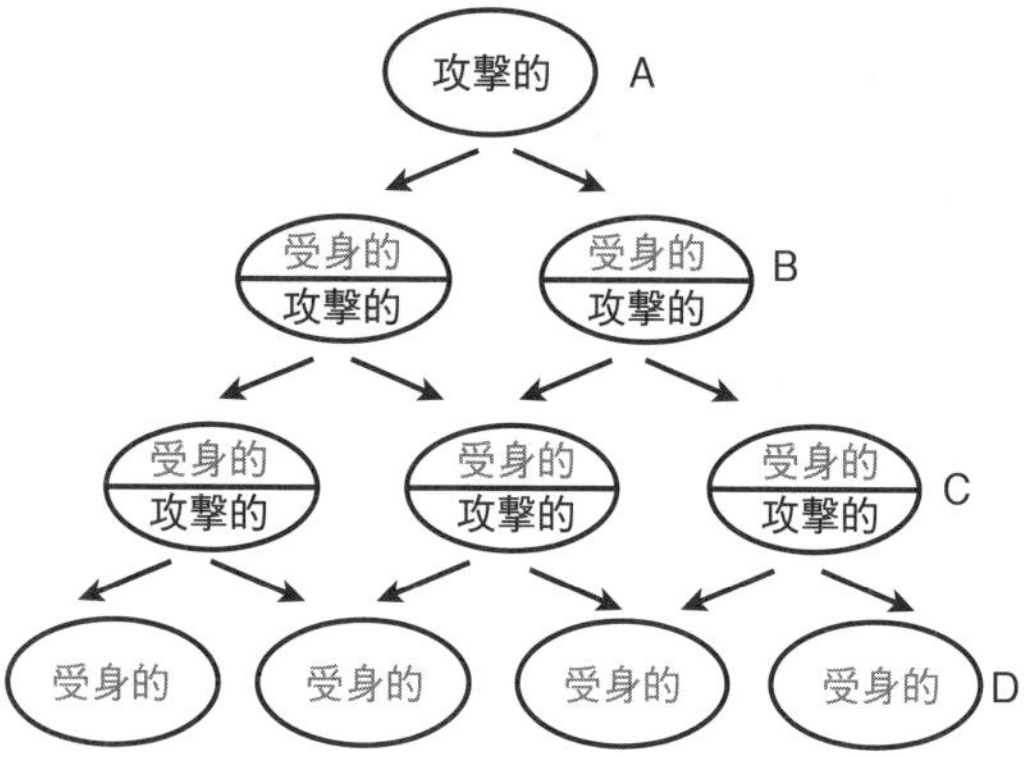

図4　依存的なあり様の人たちの構図　その2

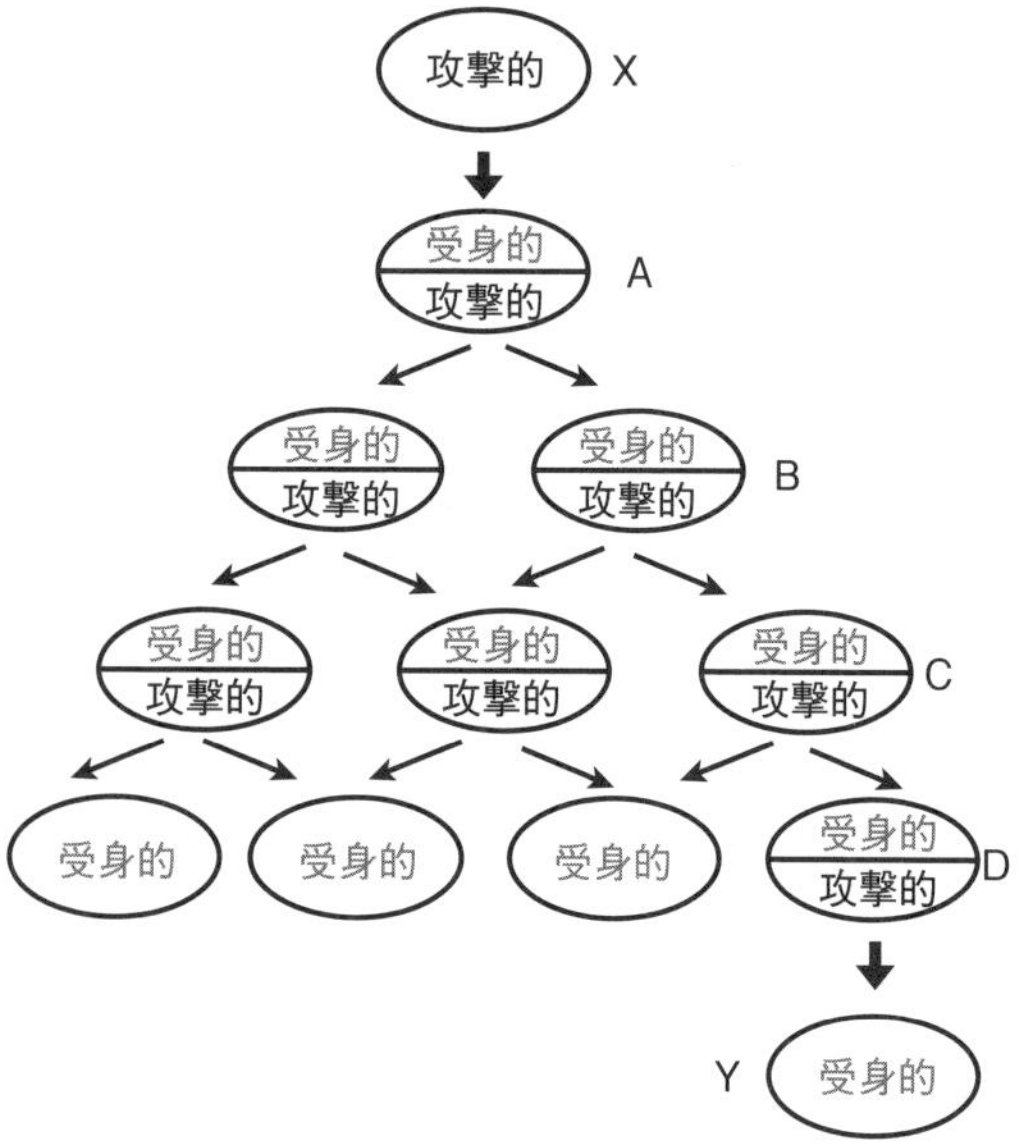

「依存的」から「主体的」を経て「相互依存」へ

ここで、一つの学級集団を想定してみましょう。

その学級集団には、依存的な人たちのグループと主体的な人たちが混在しているものとします。

図5に表すように、攻撃的なグループからさまざまな形で、主体的な人たちを依存的なグループの中に吸収しようという動きが働きます。主体的なあり様の人たちは、基本的には自立しており、依存的なグループの人たちの関係性のあり様に対しては批判的です。

しかし、子どもレベルでのあり様は、非常に不安定で可変的なものです。無原則に依存的なグループの力が増大していくような学級では、主体的な人たちも依存的なグループに不本意ながらも組み込まれてしまう可能性があるといえます。

人間関係づくりの授業は、この攻撃的なベクトル（↓）に対して人間の成長の根底からの変革を迫るものです。継続的で

図５　主体的なあり様と依存的なあり様の人たちが混在した集団の構図

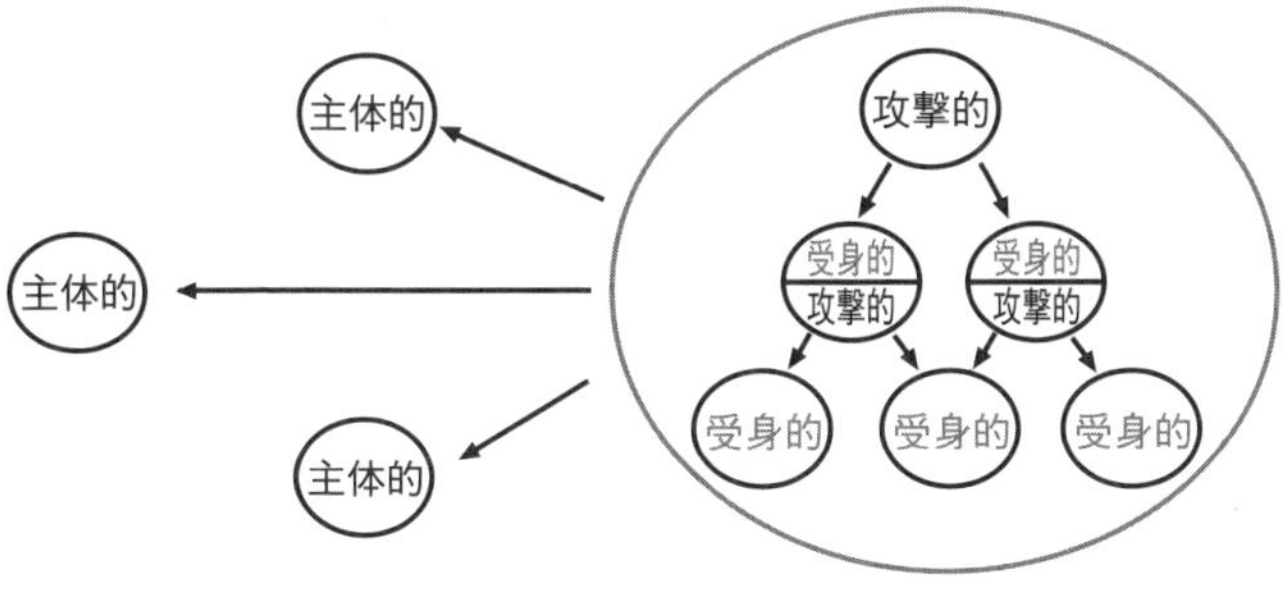

系統性のあるカリキュラムを子どもたちに実施することにより、攻撃的なベクトル（↓）と集団を覆うバリアが変化していくのです。

小学校から中学校まで九年間の人間の発達と成長を促進する人間関係づくりの授業におけるカリキュラムを鳥瞰《かん》すると、義務教育終了時点での私たちのゴールが見えてきます。

依存的（支援を必要とする状態） ↓ 主体的（自立して効力感を感じる状態） ↓ 相互依存（相乗効果を感じる状態）

（※本書では「相互依存」の概念を、自立した主体的な人間が協働して相乗効果を生み出す関係と規定します。）

相互依存的なあり様がゴール

人間は、誕生直後は絶対的な依存状態にあり、その後、何度かの反抗期を経て、自分探しを行いながら自立へと向かいます。

自立しつつ効力感を感じる状態になれば、主体的なあり様に達しているといえるでしょう。そして、主体的なあり様の人どうしが互いにつながり、「一人ではできないことを達成していける状態」＝「相互依存の関係」に到達するのです。

相互依存的なあり様は、アサーティブな関係を基礎にして、新しいものへチャレンジしたり、新しいものを生み出す力をもっています。困難な課題に直面したときでも、その状況を判断・分析し、周りの人の支援を得ながら解決していく力です。この相互依存的なあり様が、人間関係づくりの授業を行ううえでの関係性における最終的なゴールなのです。

（※相互依存という概念は、最近では国際的な国と国との関係において、互いの主体性を尊重し、相互に発展的な関係をめざす、という概念で使われています。お互いがもたれ合い、足を引っぱり合うような依存的関係を表すものではありません。）

攻撃的なグループが姿を消すまでの行程

人間関係づくりの授業を、教員が組織的・継続的・系統的に取り組んでいくと、図5の構図は図6の構図へと変化していきます。

まず、点在し孤立していた主体的な人たちが、相互依存関係で結ばれます（⇳）。そして、攻撃的なグループの存在により無力化されていた主体的な人たちがつながりをもつことで、攻撃的なグループに対するベクトル（⇩）が伸びるのです。このベクトルは、アサーティブなものであり、攻撃的なグループに属している人々へフィードバックを込めたものとなるのです。

いっぽう、攻撃的なグループに対しては、人間関係づくりの授業の実施の効果が攻撃的なベクトル（⬇）そのものに働きかけ、攻撃性が弱められます（↓）。

しかも、攻撃的なグループから主体的な人たちへ向けら

図6　人間関係学科実施後の図5の構図の変化

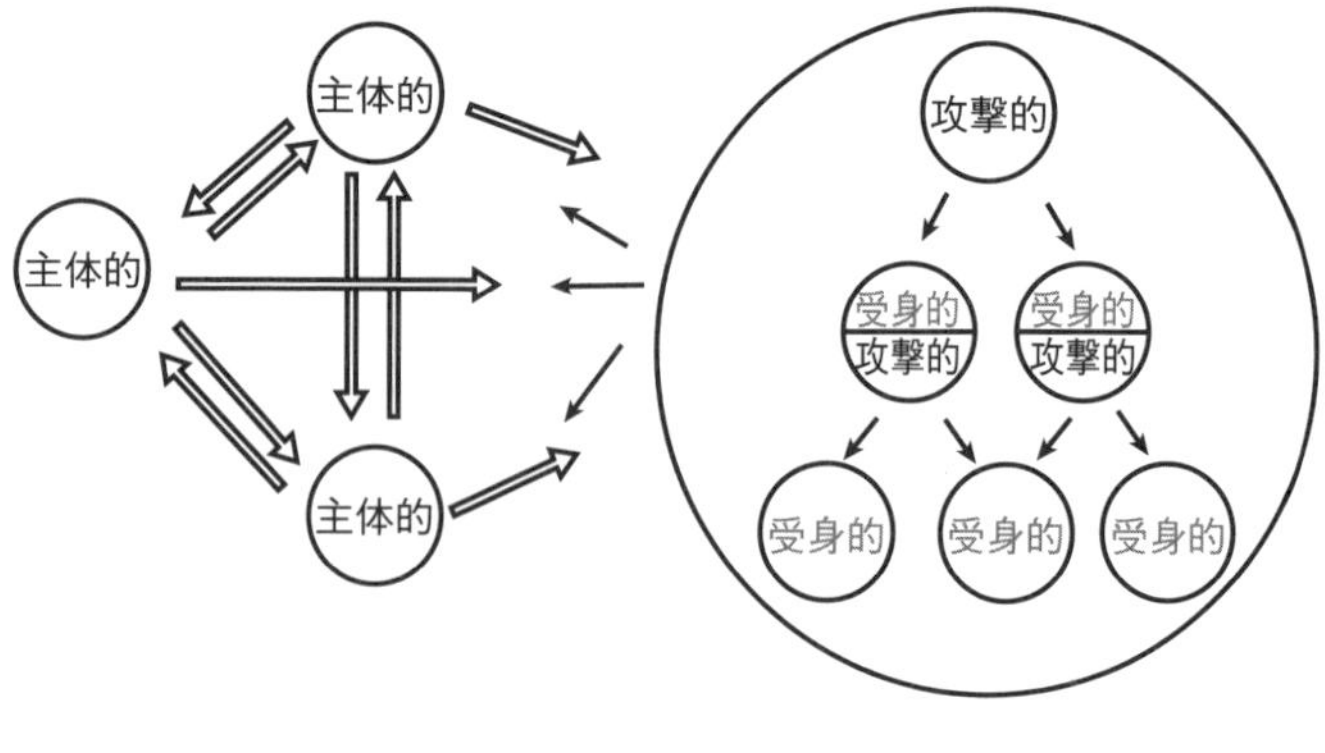

れていた攻撃的なベクトルやバリアは人間関係づくりの授業によって弱められたうえに、主体的な人たちからフィードバックとして返ってくるので、依存的な人たちへの個別の「気づき」となって表れ、依存的な人から主体的な人へと成長していく人たちが出現します。

最終的には図7のように攻撃的なグループから発せられていた攻撃的なベクトル（⬇）とバリアは姿を消し、主体的な人へと成長した依存的な人たちとのネットワークによって、攻撃的なグループは姿を消すこととなるのです。

依存的な人たちから攻撃性や依存性のベクトルが発せられたとしても、それは一時的なものであり、主体的な人からのフィードバックにより、依存的な人たちへの「気づき」として返されていきます。

本来なら、すべての人たちが主体的な人へ成長するのが理想ですが、現実的には継続的にいじめのない学級とは、このような構図となっているのでしょう。

図7　人間関係学科実施後のめざすべき構図

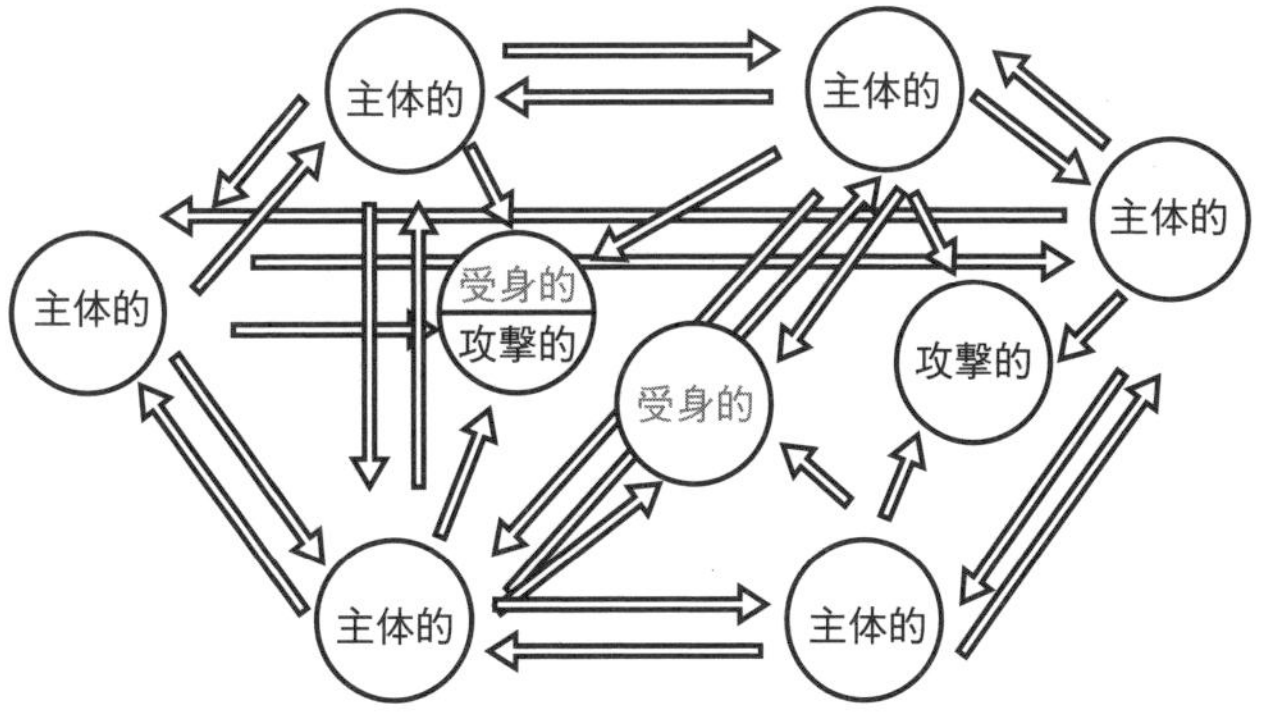

主体的なあり様と依存的なあり様の検証

『「葬式ごっこ」八年後の証言』からみる「主体的あり様・依存的あり様」

「葬式ごっこ」の証言内容と、依存的・主体的あり様について照らし合わせてみましょう。

愛知君は語りました。「SHがいじめられる前に、山形がいじめられていた。……山形がいじめられたときは、SHは盛り上げ役だった。山形が二年の二学期に転校してから、SHがターゲットになった」――山形君が転校しSH君が標的になったという依存的あり様の構図です。

「攻撃態勢をとっていないと、弱みを見せたら、やられかねない」という石川君の証言からも、依存的なグループの内部もその周辺も、「攻撃態勢を整えておかなければならない」状態であり、SH君のように「いじめを盛り上げる」ことで自分の身を守る、すさんだ状態でした。

依存的なグループは、グループの存在を守るために、グループ外にいる主体的な人や孤立した人をターゲットにして攻撃的なベクトルを発するのです。周りに主体的な人がいたとしても、秋田さんのように「世の中を渡っている」感覚で生活せざるを得ず、グループ内の秩序を守るために、最下層にSH君のような受身的なあり様しか表現できない存在をつくり出すのです。

正しいフィードバックを返せる主体的なあり様の人

攻撃的なベクトルが四方八方に放たれている教室の中で、クラスのほとんどの子どもたちは色紙に署名をしました。そんななか、秋田さんはなぜ署名をしなかったのでしょうか。

「小学校低学年のとき、いじめっ子だったが、高学年でいじめられる立場になった。無視されて『自殺しよう』と本気で考えた。一人だけ仲よくしてくれていた子が、『あんた、こういうところが悪いよ』とか『相手はこう思ってるよ』とか言ってくれた。この体験がなかったら、色紙にも書いていたと思う」と、秋田さんは語りました。秋田さんは、小学校のとき、いじめに遭っていた最中に、仲間からのフィードバックをもらっていたのです。その仲間とは、秋田さんにとっては「仲よし」であり、いじめている側の考えも知り得る関係性をもった人間なのです。秋田さんの仲よしだった彼女こそが、主体的なあり様の人なのです。

主体的な彼女は、秋田さんにフィードバックを返すことによって、秋田さんも主体的な人へと導いたのです。だからこそ秋田さんは、後ろの席の仲がいい宮城さんに「書くのやめなよ、かわいそうじゃん」と言うことができ、宮城さんも色紙には書かなかったのです。

この正しいフィードバックをきちんと返せる姿こそが、「とめに入る」ということだけにとどまらず、森田洋司氏がいう、仲裁者がもつべき具体的あり様なのです。

教員は主体的なあり様で対峙《じ》する以外に解決方法はない

ＳＨ君のケースで、最後の砦《とりで》として身を挺してでもとめに入らねばならなかったのは、教員であることは明らかでしょう。その教員はどういうあり様だったのでしょうか。

石川君は「教師に対してだって、弱いと見たら、なめてかかる。……葬式ごっこの色紙だって、なめられている先生をねらって、回された」と証言し、愛知君は「相談相手になってもらえそうな教師はいなかった。……投げちゃったような先生も多かった」と語りました。

教員たちは、身を挺したこともあったはずです。しかし、「投げてしまった」と言われてもしかたのない状態になり、子どもから相談をもちかけてもらえない大人になっていました。

私はここに、攻撃的なあり様の人たちに対して、同じように攻撃的に迫ったとき、力で負けてしまった姿を感じるのです。子どもたちの側から、力関係において、「負けてしまった人」と「負けずにいる人」「勝っている人」という教員のランクづけができてしまうのです。

依存的な人は、攻撃的なあり様の人に対して、攻撃的なあり様と受身的なあり様を、関係性によって、使い分けている、いえ、使い分けざるを得ない状況に追い込まれているのです。

したがって、教員は主体的なあり様で対峙していくしか、解決の方法はないのです。教員が主体的なあり様を示せず、主体的な人間でなかったところに、決定的な原因があると考えます。

小説『ハッピーバースデー〔文芸書版〕』にみる依存的・主体的なあり様

依存的・主体的なあり様を考えるうえで、テキストになる小説があります。

横浜で教育カウンセラーとして活躍されている青木和雄氏が、吉富多美氏とともに、二〇〇五年に発表した『ハッピーバースデー〔文芸書版〕』（金の星社）です。一九九七年の原作版やアニメ版、コミック版も出版されていますが、文芸書版を含めて一五〇万部も出版されています（ちなみに、二〇〇九年、テレビでもドラマ化されましたが、テーマが「家族」に変更されていたため、私自身はまったくの別ものと感じました）。

主人公あすかは、母、静代によって依存的なあり様に追い込まれ、声が出なくなってしまいました。しかし、祖父のかかわりによって、主体的な人間への道が開かれます。そして、クラスでいじめられていた金沢順子や、障がいをもつ杉本めぐみとのかかわりを通して主体性を身につけていったのです。

あすかのアサーティブな生き方や、周りへのフィードバックは、あすか自身だけでなく、周りの人たちを成長させていきました。かつて、だれにも祝ってもらえなかったあすかの誕生日を、周りにいる人たちも主体的な人となって祝う最後の場面は、私自身、涙々の連続でした。青木和雄氏はカウンセラーの体験を生かし、主人公、あすかの成長をみごとに描いたのです。

要支援の子どもたちの保護者が「依存的」⁉

私は、主人公あすかの成長ぶりに感動したのですが、本来の意味での主人公は、母の静代ではないかと感じました。静代の描かれ方は、「依存性の連鎖」を端的に表していました。不登校生などへの支援でも、まったくそのとおりのことがいえます。要支援の子どもたちの保護者、特に母親が多くのケースにおいて、要支援、つまり依存的な生き方なのです。実際のところ、関係諸機関の手助けを必要とするケースも多いものです。

母、静代は彼女の生い立ちのなかに、依存的に生きていかざるを得ない理由がありました。その依存性は夫、裕治への受身的なあり様となり、あすかへの攻撃性と虐待につながっていったのです。しかし、あすかの成長により、母、静代は救われるのです。「もうママとは呼びません。今日から静代さんと名前で呼ぶことにします。私を自分の一部のようにはもう思わないでください」――このあすかの言葉により、母、静代は自らの依存的な生き方に気づき、主体的な生き方をめざそうとするのです。

私は『ハッピーバースデー〔文芸書版〕』を、若い教員や教員をめざそうとする学生に、ぜひ読んでいただきたいと思います。子どもたちの依存的なあり様から主体的なあり様へと成長していく過程に、教員がどうかかわればいいのか、その答えがここにあると思うからです。

教員がまず主体的なあり様を示す！

往々にして教育の現場における教員のあり様は依存的です。

例えば、何か成果を出さなければいけない状況に立たされたとき、依存的なグループの力を活用したほうが、「成果」は確実に上がり、「答え」も早く出ます。依存的な傘を大きく広げ、全員をその傘下に入れてしまえば、威力があり、速効性のある集団が出来上がるのです。

しかし、そこで主体的に生きようとする人や、大きな傘の最下層に位置づけられた受身的なあり様の人たちに対しては、容赦のない攻撃的なベクトルが発せられます。

それは教員どうしの関係においても同様のことがいえます。私は、このような「大きな依存的な傘」を、在職中の三二年間、何度も教員の間にみてきましたし、そのなかに身を置いてきたこともあります。

しかし、依存的な集団が教員の中で大勢を占めているかぎり、いじめや不登校などをなくしていくことは不可能なのです。主体的な人たちが声を出し、互いに対等・平等なフィードバックを与え合い、主体的でアサーティブな関係を、一からコツコツと積み上げていかなければなりません。それは、教員という仕事は、子どもたちにとって主体的なあり様を示すことのできる最も身近な職種であるからです。

「主体的・依存的」の尺度の確立を！

主体的・依存的のイメージを例にあげると……

私が行っている出張ファシリテーションでは、主体的なあり様と依存的なあり様について気づきを得てもらうために、参加者に主体的と依存的のイメージを出してもらいます（一方的に私がイメージを提示するよりも、参加者の感じ方を集約したほうが、気づきが深まるので、ファシリテーションでは、私はいつもこの方法をとっています）。

このファシリテーションを重ねるうち、「主体的」「依存的」のイメージに、ズレが生じることに気がつきました。

ホワイトボードに 主体的 と 依存的 の二枚のフリップを貼り、「主体的・依存的、それぞれに対するイメージを出してください」と言い、参加者が口々に言葉にしたことをホワイトボードに書き込んでいきます。

参加者から出てくる感じ方の例をあげると、

主体的 ……「やる気がある」「行動に責任をもっている」「自らすすんで行動する」「みんな

を引っぱる」「効力感がある」「自分勝手である」「文句を言う」など。

依存的 ……「自信がない」「人を頼る」「人のせいにする」「受け売りをする」「協調性がある」など。

ひととおり、イメージが出つくしたところで、その内容をみていきます。すると、「主体的」のイメージであがった「自分勝手である」「文句を言う」、「依存的」のイメージであがった「協調性がある」に対して、首をかしげる方が出てきますし、「うん、そうだ」と納得した表情をする方がいる場合もあります。

そして、私は参加者の気づきの喚起にとどめをさします。「みなさんが取り組んでいる教育活動は、主体的な子どもを育てることを目標にしていますか？　それとも依存的な子どもを育てることを目標にしていますか？　必ずどちらかに手をあげてくださいね」とお願いをします。するとだいたい予想どおり、「主体的な子どもを育てたい」というほうに、ほぼ全員の手があがります。

しかしまれにですが、「依存的な子どもを育てたい」というほうに手をあげる方がいたり、何か納得がいかないという表情をする方が出てくるのです。

このときが、主体的と依存的という言葉のイメージから気づきが生じた瞬間なのです。つまり、イメージがズレていることに気づくのです。

イメージのズレ①「協調性がある」は依存的か主体的か?

その「イメージのズレ」について、二点ほど説明します。

まず、依存的なイメージの中に「協調性がある」という言葉があがったときのことを考えてみましょう。「協調性があること……つまり互いが頼り合うことは大切ではないか」と、首をかしげる方の感じ方です。

「協調性がある」という言葉は「折り合いをつける」という意味を含みます。相手の主張をよく聴き、自分の意見も大切にして、互いのいいところを出し合って相乗効果を生み出します。自分も相手も大事にできるWin & Winの姿です。つまり「折り合いをつける」という意味での協調性は依存的ではなく主体的なのです。

いっぽうで、「自分の感情を出さない」ことが美徳とされてきた日本文化があります。この場合の「協調性がある」は、「自分を押し殺し、我慢して相手に合わす」という姿勢であり、出てくる結論によっては「人のせいにしてしまう」「人に頼る」という依存的な姿になります。

つまり、「協調性がある」という言葉には、依存的・主体的の二面性が含まれているということであり、教員が実際の子どもをみる場合には、「協調性」がどちらの面からきているのかを見極める必要があるのです。

イメージのズレ②「自分勝手である」「文句を言う」は依存的か主体的か？

次に、主体的なイメージの中に「自分勝手である」「文句を言う」という言葉があがったときのことを考えてみましょう。

さまざまなことを主張してくる子どもに対して、「自分勝手である」「文句を言う」ととらえる場合、その子は「自分のことを主張してくるのだから、主体的ではないか」という声も聞かれます。しかし、「相手の気持ちを想像することができない」姿とみれば、依存的なのです。

「主体的とみえるか、依存的とみえるか」は、みる人次第ということです。

教員の中には「主体的な子どもは、言葉を遊びに使って自分を攻撃してくる（だから扱いにくい）」と言う方もいます。子どもがそうみえる場合には、本人が攻撃的だから攻撃してくる場合もあれば、依存的な教員の姿を見て、子どもがだめ出しをしてくる場合もあるのです。

つまり、主体的な子どもが主張してきたとき、教員が依存的であれば、教員の目には「文句を言ってくる子ども」と映ります。

すべては受け取り手側、教員の見方によるものなのです。

子どもが依存的か主体的かをきちんと客観的に判断できるかは、教員自身が主体的なあり様（をめざす人）であることが大前提だといえるでしょう。

攻撃的な人は依存的⁉

ファシリテーションの場で、さらに話を深めていくと、依存的な人は受身的であるということは、すぐに理解してもらえるのですが、「依存的な人は攻撃的でもありますよね」と言うと、意外そうに「えっ？」という反応を示すケースがほとんどです。

しかし、攻撃的という姿は、手段を問わず自分の意思を相手に押しつけようとするものです。思いどおりにならない相手に対しては、さまざまな方法で攻撃し、意思を通そうとします。行動や思考の価値基準が「勝つか負けるか」なので、言うことが場面によって異なり、言動の矛盾がたびたびあらわになるのです。主体的な人が自分のコア（核）からわき出てくる言葉や行動は、TPOに合わせた変化はあるものの、基本的にブレがないのとは対照的です。

依存的な人は、自分の考えを無条件に受け入れてくれる受身的な人が常に周りにいないと不安になり、身内にやさしく、それ以外には厳しいのが特徴です。攻撃的な人を頂点にする依存的なグループは、受身的な人を吸収していき、グループ外にいる主体的な人を攻撃します。

主体的な人は押しつけられることを嫌うので、依存的なグループの中にいること自体が嫌なものですが、依存的な人は、主体的な人のこの特性をかぎつけてしまうのです。そして、その攻撃自体が、組織防衛とグループ内のモチベーションの高揚に利用されることもあります。

教員の多くは「子どもは依存的なほうがやりやすい」と思っている?

つまり、攻撃的な人とは、周りに集まってくる受身的な人たちの存在に対して依存的なのであり、受身的な人が常に周りにいないと不安でしかたがなくなるのです。

依存的な人の攻撃性や受身性は、場面と関係性によっては攻撃性が前面に出たり、受身性が前面に出たりします。

固定化されたグループ内では、攻撃性だけを表す人や受身性だけを表す人も出てきます。中間の位置にいる人は、上には受身的に、下には攻撃的に表れます。最下層に置かれた受身的にしか表現できない人は、グループ外のさらに弱い者へ攻撃性を向け、自虐行為さえ起こすことがあります。いじめによる自死は、その最も悲惨な現実だといえるでしょう。

このように気づきと理解を深めていくと、最終的には教員としてのあり様に迫ってきます。私自身、ファシリテーションを重ねるなかで考えがまとまってきたり、現実への理解が深まることがあり、次のような仮説を結論づけるにいたりました。

主体的なあり様と依存的なあり様という尺度で教員の姿をみていくと、実は教員の多くは「子どもは依存的なほうがやりやすい」と思っているような気がして仕方ありません。

「主体的・依存的なあり様」の尺度がなければ、いじめの連鎖はなくならない

教員は、子どもに主体的な育ちを願っているという半面、自分の言葉に対して、「はい、わかりました」という子どもの返事を、期待しているのではないでしょうか。「先生はそう言いますけど」「間違ってるんじゃないですか」という反応が子どもから返ってきたとき、多くの場合、「何を言ってるんだ。何もわかっていないくせに」と、口に出さずとも心の中で感じているのではないでしょうか。

教員は子どもの自立を喜びとしていますが、それは、自分の力で生きていくべく、就職したり、結婚したり、子どもができたりすることをおもなものとしているのであって、「主体的な生き方ができてよかったね」という言葉は投げかけてはいません。結局、教育のなかに尺度としての「主体的なあり様」と「依存的なあり様」は、実際にはほとんど存在していないのです。これが、のべ三千人を超える先生方とファシリテーションを行ってきたうえでの私の結論です。

そうであるかぎり、いじめや不登校は、永久に負の連鎖を繰り返すに違いないと考えます。いじめや不登校の根底にある依存的な生き方に対する力（創造的・市民的・主体的に生きる力）を育てていく力を、それを育てるべき学校がシステムとしてもち合わせていないからです。家庭や学校で依存的に育てられた子どもが、主体的になるはずはありません。

主体的なあり様を育て上げる概念の確立を！

子どもは不十分なところがあって当然ですから、主体的なあり様、正確には「主体的なあり様をめざしている子ども」は、大人の援助によって支えられます。

教員は、大人のモデルとしての主体的なあり様を、自分の根底からの成長を含めてめざしていかなければなりません。

依存的なあり様における依存性の深さに限界がないのと同様、主体的なあり様の最終的なゴールも存在しません。人間の自己実現欲求が、限りない探求心を刺激し、多分野での躍進を生み出しました。人間は困難を乗り切り幸せな世界を追求していく英知を備えているのです。

英知を生み出す力が主体的なあり様です。

主体的なあり様を一つの価値基準として、教育のなかで育て上げる概念を確立し、いじめ・不登校を解決する教育をつくりあげなければなりません。

そして主体的な姿に向かっていくためのコア（核）が「認知・行動・評価」のスパイラルと、共感性を育て、自己効力感を高めていくことだと考えています。

まず教員が「主体的なあり様」をめざす！

あいあいおじさん

私は中学校の英語の教員をしていた際、「教える」というより「押し上げる」授業のスタイルを長年通してきたものですから、人間関係づくりの授業のベースになるファシリテーションに対して、ほとんど抵抗なく入ることができました。しかし、「教える」ことを主にしている教員にとっては、なかなかハードルが高いようです。これは、小学校の教員にとってはなおさらかもしれません。

二〇〇八年と翌年の二年間、私は校区の幼稚園・小学校に出向き、人間関係づくりの授業を参観してきました。小学校と幼稚園では、人間関係づくりの授業を「あいあいタイム」という愛称で実施しています。小学校では、一学期、二学期に、研究授業をターゲットにして、週二〜三回のペースで参観させていただきました。

私がたびたび顔を出すもので、小学校の子どもたちは、私のことを「あいあいおじさん」と呼んで親しんでくれました。

教室がざわつく要因は教員の依存性――ある若手の小学校女性教員の授業から

ある若手女性教員の授業でのこと。「あいあいタイム」が始まっているのに、教室内はざわついています。赤いTシャツの男子が特に落ち着かず、先生にかまってほしい様子でした。人間関係づくりの授業では、アイスブレーキングとインストラクションが命といっても過言ではありません。

この大事な出だしの時間から、子どもたちは、ザワザワと落ち着かず、特に赤いTシャツの男子は、授業に関係あることないことを、担任に話しかけてくるのです。担任は「はい、はい」という感じで軽く受け流し、話すべきことを全体に伝えていました。

私の目には、単に赤いTシャツの男子が目立っているだけで、ほかの子どもたちも本質的には彼と同じに見えました。担任は、なんとかこなすべきことを終え、その授業は終わりました。

いったん私は職場に戻り、今日の授業を振り返るために、再び小学校を訪れました。

担任：「全然ダメでした」
私　：「何がダメだった？」
担任：「特にA（赤いTシャツの男子）が落ち着かなくて……全体的にも」

私　：「Aにはどんな背景があるの？」
担任：「（Aのことを家庭環境も含めて語る）」
私　：「いろいろあるね。ところで、今日、うまくいかなかった原因、何か思いつくことある？」
担任：「発表会（彼女は研究開発の最終発表会の授業者）があるので、何とかしなければという気持ちが強くて焦って、自分自身カラ回りしていたような気がするんです」
私　：「焦っていたのか。何か、自信なさそうに話しているように見えたけれど」
担任：「あっ、そうですか？　自分なりには精いっぱい話していたんですけれど」
私　：「子どもをしっかり見ていないというか……。いったん子どもの目を見ているんだけれど、先生の視線のホールドがすぐにとれてしまっているよね」
担任：「そういえば、そうかもしれません。何しろ、次に早く進まないといけない、という気持ちが出すぎているのでしょうか」
私　：「Aが先生に話しかけてきたとき、どう感じました？」
担任：「授業中は、余計なことをすると、ちゃんとしかるのですが、あいあいタイムでは極力しかることは避けたいので、無視するような対応になってしまったかもしれません」
私　：「それは、僕もそう感じました。『はいはい、わかったから、いまは黙っといてね』みたいな感じを受けたんだけれど」

担任：「たぶん、そうだと思います」
私　：「少しつっこんで言わせてもらってもいいかな？」
担任：「ぜひ、お願いします」
私　：「Aに対してだけではなく、一人一人の表れに対して、軽く扱っているような感じがするんです。ほんとうは、子どもたちのつぶやきや先生に言ってくることがすごく大切なのにね。先生のなかでいったん受けとめて、すぐに反応するのではなくて……時間的に長い短いではなく質的な問題なんだけれど、先生が反応する前にしっかりと自分のなかにスペースをつくると、子どもたちの言葉をちゃんと聴くことができるし、子どもたちも聴いてもらったという感じになると思うんです。そんなふうに受けとめられると、とげとげしい言葉を使っていたAの表現の仕方も変わってくるはずです」
担任：「少しむずかしいですけれど、わかるような気がします。言葉では同じ反応であったとしても、私のなかにある背景によって変わってくるということなんでしょうか。Aの様子は四月からずっと一緒なので、Aが変わるということは、想像がつかないところがあります」
私　：「たぶん、非言語的表現の部分が大きいですよ。同じ言葉を使い、同じ反応をしたとしても、子どもたちは非言語的表現の部分を主に受けとめるので、たてまえや形式的なことは、すぐに見破りますし、受け入れないですよね。
先生を見ていると、依存的な感じがするんです。依存的とは、何か困ったことが起こると、自分以外のところに原因を求めるということです。例えば、授業がうまくいかなくて、Aがいちばん目立っているとすると、『Aがいなければ、授業はもう少しよくなる』と感じていませんか。そこまでいかなくても、『いま、それを言わなくてもいいんじゃないか』と感じていませんか。『いま、言わなくてもいい』というなかに、ほんとうは授業の中での大切な気づきが含まれていても、先生がAに対して固定観念をもってしまうと、授業の中で取り上げられることはないですよね。だから、Aはよけいとげとげしくなってしまう」

担任：「依存的ですか……。自分自身、控えめなところがあって、もっと自分から踏み込んでいかないといけないと感じることが多いです。先生がおっしゃるとおりで、自分以外に原因があると思っているのかもしれません。少しすっきりしたような気持ちになりました。もう一回、整理し直して次の授業に臨んでみます。ありがとうございました」

この小学校の教員との別れ際、私は、『7つの習慣』（キングベアー出版）という本を紹介しました（本書については、コラムで説明します）。

主体的なあり様をめざした教員の授業の変容

一〇日後、同じ教員の授業を参観しましたが、自信がなさそうに見えた彼女とは別人のようでした。その変容に私は驚き、授業終了後に、再び話をしました。

私　：「授業が見違えるようによくなっていたんだけれど」
担任：「ありがとうございます」
私　：「何か変化がありました？」
担任：「はい、前回先生に指摘していただいたことを、自分に返してみたのですが、先生がおっしゃるとおりに、私は、Aがいなければ授業がもっとましになるのに……と思っていたんですね。そのことにはっきりと気づきました。
　そして、Aだけではなく、クラス全員をしっかりと受けとめていこうと思ったんです。そうなると、授業が全然進まないのではないかと前は思っていたんですが、実際は、かえって子どもたちがどんどん発言をしてくれて、私自身も授業の中で解放感を得ることができました」
私　：「今日は、Aだけではなく、みんなをしっかりとホールドできていて、授業の中で何かが生み出されていると感じましたよ。研究授業、がんばってくださいね」

担任：「はい、がんばります。それから先生に紹介してもらった『7つの習慣』、読みました。私、やっぱり依存的でした。私にあてはまるところがすごく多くて……。自分自身がより理解できたと思います」

私　：「そうでしたか。自分のことが理解できると、課題を克服しようっていう気持ちになれるんですね。きっと子どもたちも同じだと思います。子どもたちにもしっかりとフィードバックを返してあげてくださいね」

前回は、授業がうまくいかなかったせいか、口どりも重たかった彼女ですが、今回は、性格が一変したかのように、しっかりと私の目を見て、明るく流ちょうに答えてくれました。

それから半年後の二〇一〇年春の中学校区人権教育研究会で、再び公開授業に取り組むことになり、私は再度、小学校を訪問しました。すると、小学校の玄関であの赤いTシャツを着ていたA君とばったり会い、向こうから私に声をかけてくれました。

「あっ、あいあいおじさん。今日、あいあいタイムあるねん。見に来てな」

私は、「必ず行くよ。がんばりや」と答えました。

もちろん私は授業を見に行ったのですが、見に行かなくても、授業の様子は想像できました。A君の担任は、その年も彼女でした。

コラム

人間関係づくりの授業をさらに高める『7つの習慣』

WHOのライフスキルではたりないものが『7つの習慣』にあった！

私が女性教員に紹介した『7つの習慣』は、一九九六年に出版され、世界で二、〇〇〇万部を突破したビジネス書に分類されている書籍です。

本書で、著者のスティーブン・R・コヴィーは、世界中の成功体験をもつ人々の書物から、成功にいたる法則を導き出し、それを七つの習慣として表しています。第一の習慣「主体性を発揮する」、第二の習慣「目的をもって始める」、第三の習慣「重要事項を優先する」、第四の習慣「WinWinを考える」、第五の習慣「理解してから理解される」、第六の習慣「相乗効果を発揮する」、第七の習慣「刃を研ぐ」。よい習慣をもつことこそが幸せに生きていける鍵であることを、さまざまな具体例をあげながら検証しています。

彼のすばらしいところは、具体例を自分や家族、自身の経験からスタートして検証していること。そして、主体的と依存的（著作では「反応的」と表現）をみごとに表しています。

私が本書に出会ったきっかけは、日本生徒指導学会でアメリカの「ゼロ・トレランス（寛容性ゼロ）」の教育に関して、多くふれられていたのを目にしたことです。関係する書物を何冊か読んだうちの一冊に、ゼロ・トレランスの実践校として、岡山学芸館高校が紹介されていました。ネットで調べると、そこで『7つの習慣』に基づく教育内容を展開していることを知りました。私はこれだ！　と思いました。二〇〇五年度までの研究開発でベースにしていたＷＨＯのライフスキルの内容では、人間の成長をトータルに支援するには、たりない部分があったのです。

『ＷＨＯライフスキル教育プログラム』（ＷＨＯ編　大修館書店）によれば、ライフスキルとは、「日常生活で生じるさまざまな問題や要求に対して、建設的かつ効果的に対処するために必要な能力である」とあります。周りに起きていることに対して、いかに対処し、適切な行動がとれるかという範《はん》疇《ちゅう》のものです。教育において非常に重要な観点であり、子どもたちの健全な成長には、欠かすことのできない部分ですが、「どういう人間になっていくのか」「どういう目的をもって生きていくのか」「自分の人生のゴールは何なのか」という学校教育も含めた生涯教育、人権教育、キャリア教育という観点からみると、やはりたりていないのです。

「スキル教育なのだからたりていなくて当然」という見方もあるでしょう。しかし、私たちが扱うべきスキルは、スキルを使う人のあり様まで含めて考えることが重要なのです。キーワードでいうと共生と自己実現。課題でいえば、人権教育とキャリア教育への入り口とスキルが、あり様というコネクターでしっかりと連結されたものであることなのです。

『7つの習慣』にみる、学校で行うべき全人教育との符合

ＷＨＯ（世界保健機関）のライフスキルでは、自己認識や共感性、対人関係やコミュニケーション能力、感情対処やストレス対処という、自分や他人への認識と自分と他人との関係性という域を出ることはないのです。創造的思考や批判的思考というスキルですら、「（自分の）行動あるいは行動しないことがもたらすさまざまな結果について考えることを可能とする」（創造的思考）、「情報や経験を客観的に分析する」（批判的思考）というように、自己における行動や認知の課題として提起されているだけなのです。

『7つの習慣』にあてはめれば、第一の習慣「主体性を考える」にあたります。人間が「主体的に生きる」ための具体的なスキルとして、自己認識や共感性、対人関係やコミュニケーション能力、感情対処やストレス対処、創造的思考や批判的思考というＷＨＯの一〇個のライフスキルがあてはまっているといえるでしょう。第二の習慣「目的をもって始める」段階で、人権教育、キャリア教育の成果が生かされ、第三の習慣「重要事項を優先する」で、時間をいかに有効に生かしていくか、つまり、時間管理と計画性、自己管理力という部分に入っていくのです。

森田洋司氏は、二〇〇六年、大阪府子どもの未来ハートフルプロジェクトの研修会において、これから社会をつくっていくうえで、人間に必要とされるスキルを「ジェネリックスキル」と位置づけ、創造性、自立性、チームワーク力、コミュニケーション力、批判的思考力、時間管理、リーダーシップ、

計画性、自己管理力、情報活用力などを身につけさせることが重要である、と説いています。コヴィーの提起との共通性を感じます。

コヴィーは第四の習慣「ＷｉｎＷｉｎを考える」ではアサーティブネスを、第五の習慣「理解してから理解される」、第六の習慣「相乗効果を発揮する」では、リーダーシップと相互依存の関係について述べています。

人間関係づくりの授業をさらに高めていくうえで、『7つの習慣』との出会いは、私にとって大きな意義をもちました。人権教育、キャリア教育の観点でつくりあげてきた総合的な学習と、人間関係づくりの授業におけるスキル学習を結びつけるコネクターは、子どもたちの「目的を定めることと、目的を実行しうる自己管理力」です。この力を子どもたちが身につけていくために、総合的な学習と人間関係づくりの授業に、私たちは全力で取り組むべきなのです。

学校教育の目的は、子どもたち自身に、将来幸せな生活を送ることができる力を身につけさせるとともに、人々が幸せに生活できる社会や地域をつくっていくことにあります。そのために、人々が対等・平等であるという人権を大切にできる感覚と、建設的な人間関係を構築し得るアサーティブな人間関係創造力、人間社会をよりよいものにしていくためのしなやかな人間力が、学校教育を通じて醸成されていかなければならないと思うのです。

第3章

人間関係づくりの授業のコア（核）

――「認知・行動・評価」のスパイラル＋共感性を高める

人間関係づくりの授業のコア（核）――「認知・行動・評価」のスパイラル

グループアプローチからガイダンスカリキュラムへ

一九六〇年代後半から八〇年代にかけて、構成的グループエンカウンターやアサーショントレーニング、グループワークトレーニングなど、学校教育で生かすことのできるグループアプローチ（集団での体験を通じて、人間的な成長を促す学び）が成立。二〇〇〇年ごろまでに、プロジェクトアドベンチャー、ライフスキル教育、ストレスマネジメント教育、ソーシャルスキル教育、ピア・サポートプログラムなどのグループアプローチが生まれました。二〇〇五年以降、グループアプローチの成果を生かした学校教育レベルのガイダンスカリキュラム（人間関係づくりの授業）が教育委員会、教育センター、学校単位で作成・実施されてきました。

行政レベルでは、さいたま市HRTプログラム、体系的指導プログラム（いきいきちばっ子プラン）、子どもの社会的スキル横浜プログラムなどがあります。学校レベルでは、埼玉県心理教育研究会の社会性を育てるスキル教育や松原市立松原第七中学校区の人間関係学科（小学校「あいあいタイム」、中学校「HRS〔Human Relation Studies〕の略）」）などがあります。

学校教育側からの問題提起・実践報告が少ない

教育の世界では、長年、「教育は教えること」という概念が一般的でした。現在でも一般的であるといったほうがいいかもしれません。

特に一九九〇年代半ばまでの、成長社会においては、社会や経済の成長に貢献するためのスキル（技能）を身につけさせるために「教える」、あるいはそんな社会に適合する規範意識を「教える」ことで、その社会を担う人材を育成してきたのだと思います。これは、明治維新後の教育から一九九〇年のバブル崩壊を迎えるまで、脈々と受け継がれてきた概念です。

学校で教員は子どもに対して「教え」、子どもは教員から「習う」ことが、あたりまえの時代だったのです。

人間関係づくりの授業のコア（核）は、このあたりまえの概念に疑問を投げかけます。これまで学校教育のなかでは、人間が成長していくプロセスの獲得を教育課題として正面から取り組んできませんでした。人間の成長は無限に続くという観点からのアイテムを教育課程のなかに組み込んではいないということです。

人間は生まれたときは、絶対依存の状態にあります。それが、大人の保護と支援と愛情によって、徐々に心が発達し、さまざまなスキルを身につけていきます。これが家庭教育や学校教育の役割です。そして、自分自身の行動や行為に対するフィードバックを受け取りながら、自律できるあり様《よう》にまで達することができれば、人間は主体的なあり様に到達しつつあるといえるのです。つまり、

「認知」…自分は何者であるのか、自分の状態はどんなものであるのか、自分の目標は何なのか、自分はどんな行動を起こしたのか、自分は目標に対してどれくらい達成できたか、自分の次の目標は何なのか、などなどを認識できる力を「認知」という概念で表す。

「行動」…自分にとって好ましい行動を想像し、それらを行動化する。さらに、自分自身が想像した行動を体験することにより、現実の自分自身の行動から一歩進んだ感じ方を得るための自分自身への働きかけを「行動」という概念で表す。

「評価」…自分の行動の結果や、自分の周りで起こったことに対して、自分が感じたことを客観的に認識でき、それらを受け入れ言語化していくことを「評価」という概念で表す。

認知・行動・評価のスパイラルが成長のプロセスとして動いていくかぎり、「教える・習う」という学校教育の枠を越え、主体的であり、成長しつづける人でいることができるのです。

図1　認知・行動・評価のスパイラル

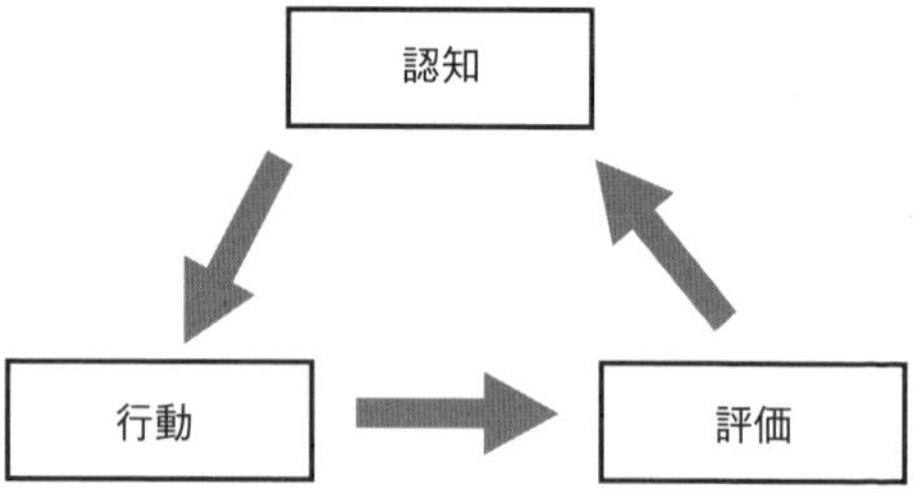

「認知・行動・評価のスパイラル」に「共感性を高める」を加える

認知・行動・評価のスパイラルとは、きちんと認知し、それを行動につなげ、振り返って評価でき、その評価を次の認知につなげていくことです。これを詳しく説明しましょう。

スパイラルの起点となるのが認知です。自分はどんな人間か、状態はどうか、目標は何かなどを認識し、現段階での到達点がわかっていること。それによって、初めて行動の意味づけがされます。認知がない行動は、ただの動作にすぎません。行動のあとは振り返りを行います。ここで大切なのは、感じたり思ったりしたことを必ず言語化・共有化（シェア）することです。それが言語化され認知に戻ってきたときには、起点よりもクオリティが高まっているはずです。

しかし、「認知・行動・評価のスパイラルができている」だけでは、自分がよければよいという、自己本意のベクトルでのスパイラルになる可能性もあります。「自分が幸せになり、周りも幸せになる」という方向性での認知・行動・評価のスパイラルにするためには、これに「共感性を高める」ことをプラスして一セットにする必要があると考えています。

共感性を高めるには、いろいろな人間の考え方を取り入れていくことです。例えば、キャリアの観点でいうと、いろいろな大人や異年齢の子どもとふれあうこと。それを構成的に編成し、カリキュラムとして配置する。その根底にこの人間関係づくりの授業を位置づけるのです。

認知・行動・評価のスパイラルを促進するファシリテーション

ファシリテーションは、認知・行動・評価のスパイラルを促進します。これまでの「教える」という概念は、知識や問題解決の方法を伝達する領域を越えることができませんでした。ファシリテーションでは、伝達するのではなく、人の成長を促進するための援助を行うのです。

成長社会が終わり、終身雇用のような生活を保障されたシステムがなくなりつつあるいま、学校教育では全領域において、子どもたちが自学自習、自己陶冶《や》を可能にする援助がより必要になっています。この教育の実践には、教員自身が、認知・行動・評価のスパイラルの実践者でなければなりません。例えば、主体的な人は、相手をほめることで、自分自身が前向きな考えをもつことができます。困難に際してもポジティブに考え、自分の行為に意味を込めることができます。目的や目標に向かって、積極的な時間管理と時間活用ができます。

つまり、認知・行動・評価のスパイラルに基づいた主体的な人は、自分で計画を立て実行していくことができますから、どんな環境でも成長していくことができるのです。家庭や学校の教育では、方法論もさることながら、それ以上に、このような思考や行為のあり様が大切になってくるのです。人間関係づくりの授業では、こうした学びを実践していくのです。

人間関係づくりの授業の三要素

ソーシャルスキル――社会のなかで幸せな人生を送るための技能

人間関係づくりの授業の三要素とは、①ソーシャルスキル、②出会いと気づきの力、③人間関係調整力＋人間力です。これらを一つずつみていきましょう。

まずソーシャルスキルです。

人間関係づくりの授業では、社会生活において幸せな人生を送ることができることをめざしています。ソーシャルスキルは、社会のなかで幸せな人生を送っていくために、子どもから大人までどの時点でも必要な技能といえます。

例えば、小学校低学年で、遊んでいる何人かのグループに近づいた子どもが「(遊びに)入れて」と言える、一人ぼっちの子どもがいたら「一緒に遊ぼう」と言える、といったレベルから始まります。

さらに、会話をする場面で、相手の顔を見て「へー、そうなんですか」と、相手の話を聴き、受けとめていることを表す傾聴スキルなどにつながっていきます。

そして、ストレスが強まったり、怒りの感情があふれてきたときに、そんな自分や状態、感情に適切に対処するストレス対処や感情対処などに発展していくのです。

最終的に、小学校高学年や中学校段階では、相手の気持ちを想像し共感しながら、自分の主張を述べていくことを通して、相手と折り合いをつけていくことができる人間関係調整力が育っていきます。

もめごとや争いなどの紛争を解決する力（メデュエーション）も、人間関係調整力の一つといえます。中学校三年生から高校生になると、個人どうしの力を合わせて相乗効果を生み出す力も育っていきます。

いずれは、プロジェクトを実行したり、ＮＰＯを立ち上げたり、起業したり、何か新しいものを生み出していく人間力として完成していくのです。

図２　人間関係づくりの授業の三要素の年齢による増加イメージ

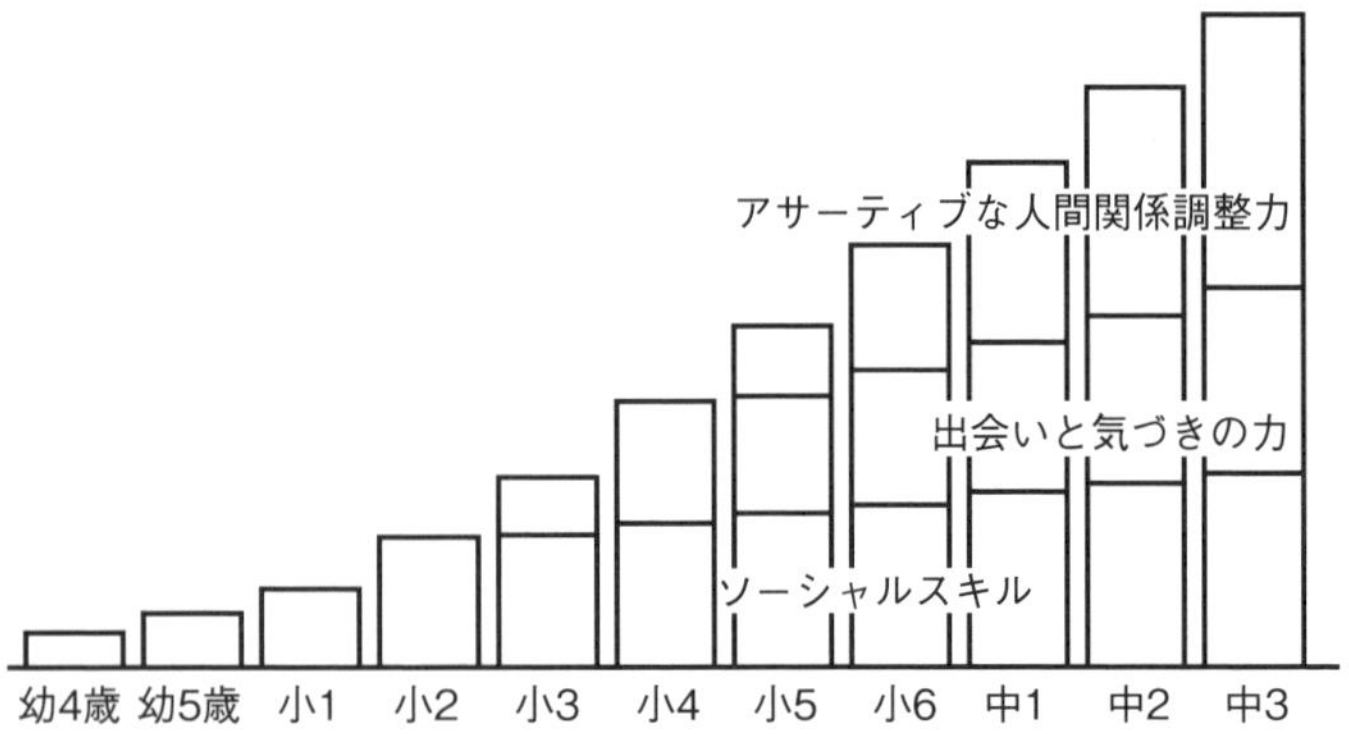

ソーシャルスキルの概念とは

一般的には、「ソーシャルスキルを土台として、出会いと気づきの力、アサーティブな人間関係調整力や人間力を積み上げていく」という説明をすることが多いものです。

しかし、本来的には、それぞれの間に線引きはなく、「ソーシャルスキルの概念のなかに、出会いと気づきの力、アサーティブな人間関係調整力＋人間力が含まれている」とするほうが正しい理解である、と私は考えています。

基本的なソーシャルスキルを使いながら人間関係をつくっていくと、そこから生まれてくるコミュニケーションがフィードバックとなって自分に返ってきます。それを積み重ねていくことで、自己概念や自己意識が心のなかに出来上がってくるのです。これを人間の枠組みと考えてもいいでしょう。

人間の枠組みは、コミュニケーションや積極的な学習やさまざまな経験を通して形成されていくものです。この人間の枠組みや心のなかが大きく深くなればなるほど、「人の気持ちがわかる、想像できる力」、つまり共感性が育ってきます。

前述のように、共感性を高めることは、認知・行動・評価のスパイラルとセットになる非常に重要な要素ですから、その基礎となるソーシャルスキルを大切にしたいものです。

出会いと気づきの力――評価から認知にいたる部分を言語化して客観化

心の成長のプロセスである認知・行動・評価のスパイラルの出発点である認知力を高めていくには、評価から認知にいたる部分を言語化して客観化できることが大切になってきます。感じたことを無意識のまま終わらせるのではなく、言葉として自分のなかに残していくこと。「出会いと気づき」の力は、この点において重要です。

人間関係づくりの授業を通して周りの人々や出来事に出会い、授業でのかかわりを通じて起こった心の変化や感情の変化に気づき、自分のものにしていきます。最後には、気づきによって成長した自分自身と出会うことになるのです。

実際の人間関係づくりの授業では、トーキング系の自己開示のもの（「すごろくトーキング」など）に始まり、グループエクササイズのほとんどは、この「出会いと気づきの力」を育成するものといえます。一般的には小学校三年生くらいから、認知力が成立し始めるといわれます。また、振り返りも、ある程度のフィードバックを返すこともできるようになります。子どもたちは、フィードバックの返し合いを通じて気づきを積み重ねていき、自己概念・自己意識を育て、人間の枠組みを広げていきます。つまり、心が育ってくるのです。

人間関係調整力と人間力を育てることが人間関係づくりの授業のゴールなのです。

人間関係調整力＋人間力――総合的な人間力が持続発展可能な世界をつくっていく

人間関係づくりの授業での、人間関係調整力を身につけていくためのアイテムは、ロールプレイングです。認知・行動・評価の人間の成長のプロセスでいえば、行動する力を強化していく部分にあたります。

人間関係調整力を育てるロールプレイングにある基本思想は、アサーティブネスです。自分を大切にして、相手のことを想像し、自分の主張をするときに「折り合いをつける」必要があります。これは、相手も自分も大切にできる Win & Win の思想であり、互いの人権を大切にできるものです。折り合いをつけることによって相乗効果を期待できるばかりではなく、互いの信頼関係を構築し、深めることができるのです。

アサーティブネスは、単なる技法にとどまらず、人間の思想と行動を規定するあり様にかかわってきます。人間のあり様の三つのパターンのうち、攻撃的と受身的は「依存的」、アサーティブネスは「主体的」であるといえます。

「出会いと気づき」の力で心を育て、人間関係調整力によって周りとの信頼関係を築いていき、培われた力は、キャリアにおける学びと合わせて、総合的な人間力として表れます。この人間力が新しい社会を築き、持続発展可能な世界をつくっていくのです。

人間関係づくりの授業の三側面

ガイダンスカリキュラムの三側面――日常性、テーマ性、クロス性

人間関係づくりの授業は、学校で実施するガイダンスカリキュラムです。

その定義について八並光俊氏（東京理科大学教授、日本生徒指導学会副会長）は、「ガイダンスカリキュラムとは、すべての児童生徒の基礎的ライフスキルの発達を目的とし、系統的かつ計画的に、児童生徒のライフスキルを育成する、開発的・予防的な教育活動である」（ホームページ：ガイダンスカリキュラムの広場より）と述べています。

ガイダンスカリキュラムは学校で展開される授業であるため、子どもたちの発達段階を考慮した系統性や順次性をもったものでなければなりません。したがって、人間関係づくりの授業は、小学校・中学校九年間の子どもの成長にそったカリキュラム・プログラムをめざす必要があります。さらに、子どもたちの学校生活に生かされ、教科学習や特別活動や道徳の時間や総合的な学習の時間とともに、子どもたちの成長に寄与するために、①日常性、②テーマ性、③クロス性という三つの側面をもつ必要があります。

日常性——自己開示を行うトーキング系の授業

「日常性」とは、子どもたちと学校や地域や家庭での人と人との関係性において、効果的な授業ということです。具体的には、おもに自己開示を行うトーキング系の授業「さいころトーキング」や「学校のよいところインタビュー」などになります。

トーキング系の授業は、自分のことを語るために、自分自身のことをまず言語化しなければなりません。言語化する段階で、無意識の部分が意識され、語る中身の何パーセントかは、新たに意識化・言語化されたものが加わります。

これは、人によって差はありますが、子どもたちの心が開かれた状態であるほど、新たな自己認識が加わっていきます。逆に、自分を閉じようとする傾向の強い子どもは、意識化しづらく、また意識化されていることも出すことができません。

こうした状況から、グループという一つの枠組みのなかで、互いを出し合うことの意味があるのです。

このような自己開示は子どもたちのなかに新たな気づきを引き出すことができます。仲間の知らなかった部分を知ることの喜びや、異なる考え方にふれることで、人間としての枠が広がっていくのです。このうえに相手の話を「聴く」スキルを身につけていけば、自己開示の相乗効果が、格段に高まっていきます。

このようにして、子どもたちの人間としての枠が広がり、心が育ってくれば、自己肯定感の低さから生じる攻撃性や受身性が、徐々に弱まってきます。つまり、不登校やいじめの原因となるような要素が、徐々になくなってくるのです。

授業の終わりには必ず「振り返り＝言語化」と「シェアリング（分かち合い）＝共有化」を行うため、人間関係づくりの授業すべてにわたってこうした効果が生まれるのです。

これらの作業を通して、子どもたちの自己開示が行われ、相手を大切にする「傾聴スキル」も養われます。自分が大事にされていることに気づいた子どもたちは、さらに相手を大事にしようと思えるようになるのです。

このようなプロセスを通じて、子どもたち一人一人が、心を開こうとする姿勢やあり様を身につけていきます。心が開けば、より活発に子どもたちの主張がなされ、それが「折り合いをつける」領域に達していきます。

折り合いをつけながら、新たなことへ取り組んでいくことで、相乗効果が生まれます。相乗効果を発揮できる人間関係は、さまざまなことに新しい一歩を踏み出すことができるようになっていくのです。

テーマ性――複数の授業を一つにまとめ、テーマ性をもたせる

テーマ性とは、コミュニケーションに必要なテーマを集中的に学習するという意味です。

人間関係づくりの授業の目的、子どもたちどうしの人間関係を良好にしていくための手だてとしての「コミュニケーション」について、理解を深めることが大切です。つきつめていけば、コミュニケーションのもとになる人間の感じ方や自己表現になってきます。つまり、日常性のところで述べた人間の枠組みの形成についての理解に踏み込むことが必要になってきます。

そこで複数の授業を一つのパッケージとしてまとめ、テーマ性をもたせるのです。場合によっては、教員のローテーションを組んで行うこともあります。

中学一年生の一学期には、基礎的なコミュニケーションにかかわるものから入り、二学期にはストレスマネジメント、そして、ストレスに対処するためのアサーションへとつなげます。

二年生の一学期には、発展的なコミュニケーションからアサーション、さらにメデュエーション（紛争を解決する力）へ発展し、二学期には感情対処へとつなげていきます。

三年生になると、一学期に境界設定を、二学期にはリフレーミングを含めた自己管理へと進んでいくのです。

一年生の基礎的コミュニケーションに始まり、三年生の自己管理までのテーマを踏まえて、個人の力としての完成をめざします。

テーマ設定を細かく見ていくと、実はそれぞれのパッケージにおいて、アサーションにつなげていくことが、重要なポイントになってきます。三年間のプロセスを通じて、アサーティブなあり様の人間形成をめざすということなのです。

例えば、「すごろくトーキング」を行うにしても、子どもたちが自己開示するだけでなく、アサーティブなコミュニケーションのあり方を教員が意識するのです。

傾聴スキルはアサーションの基本ですが、一年生の基礎的コミュニケーションを行う際にしても、人の話を聴くスキルができていないと、人の話をさえぎったり、否定的な言葉を投げかけてしまいます。これは子どもに限ったことではありません。教員である私たちも、「アサーション」は頭ではわかっているつもりでも、実際の行動では、子どもたちの言葉をさえぎったり、否定的な言葉を投げかけたりしていないか、わが身を振り返りながら授業を進める必要があります。

人間関係づくりの授業とは、常にアサーションを意識して、組み立てていくことが大切なのです。

クロス性——学校教育の全領域で生かす

クロス性とは、他の領域との関連性をもたせることです。

道徳の時間の価値項目が、学校教育の領域で浸透させるべき価値観であるのと同様に、人間関係づくりの授業での学びは、教科授業・特別活動・道徳の時間・総合的な学習の時間をはじめ、学校教育の全領域において生かされなければなりません。

これが理想の考えなのですが、人間関係づくりの授業がファシリテーションであるのに対し、教科授業は教授するという側面が強いため、実際は、人間関係づくりの授業と同じあり様で教員が教科授業に臨むことは、なかなかむずかしい課題となっています。

長年、人間関係づくりの授業を実施していると、ファシリテーション的な教授法を教員が自然にからだで覚えてしまっている場合もあります。しかし、公立学校では、教員の異動がついて回るので、学校としては常に毎年最初からという状況になってしまうのです。

本来、教員は教育のどの局面においてもファシリテーションの姿勢をもっておくべきですが、二歩前進、一歩後退を繰り返しながら、教育内容の積み重ねが行われているのが現状です。

こうした現状を踏まえ、人間関係づくりの授業では、特に行事を含む特別活動や総合的な学習とリンクをさせるのです。俗な言い方ですが、「すぐに役立つスキル」ということです。

本来なら中学校では三年間の積み重ねを通じて、じっくり取り組んでいかなければならないものですが、三年間という年月は非常に短く、それぞれの時期、どこでも失敗が許されない一発勝負的な側面をもっています。そこで、さまざまなものとリンクさせた内容を人間関係づくりの授業で取り組むことが非常に有効になるのです。

例えば宿泊の取組みで、子どもたちが自分自身の課題を出し合うクラスミーティングにリンクさせて、「こんなときどうした？」を行います。これは、「すごろくトーキング」のような簡単な自己開示ではなく、困難に遭ったときにどう対処したかを話すもので、レベルの高い自己開示といえます。また、体育大会の前には、小ゲームをするなかで協力してからだを動かす授業「松七★フレンドパーク」を、進路選択が押し迫った三年の二学期には、ストレス対処のトレーニング的なエクササイズ「私のストレス対処法」などを実施するのです。

…………………

このように、人間関係づくりの授業において、①日常性、②テーマ性、③クロス性という意味づけをしながら実施するべきなのですが、実際には、これらも「おもには……」ということで、厳格に区別する必要はありません。三つの側面がそれぞれ関係し合い、要素が絡み合っているところが実際です。ただ、教員と子どもたちが学びを共有するにあたり、それぞれの授業への意味づけが、学びを深めるうえにおいて重要であることを忘れてはいけないのです。

第4章

人間関係づくりの授業の前提と今後の課題

——授業の前提・校種間の連携

人間関係づくりの授業の前提①
――地域・校種・総合的な学習の時間との連携

キャリア教育の基礎「労働体験学習」実施までのさまざまな困難

私は、松原第七中学校へ転勤する前までは、おもに人権教育、キャリア教育に取り組んできました。一九九六年、仲間とともに職場体験・職業体験の原型となる「労働体験学習」を数か月にわたる学習としてつくりあげ、全国同和教育研究協議会（現全国人権教育研究協議会）を通じて全国に発信しました。兵庫の「トライやる・ウィーク」が取り組まれる二年前のことです。

当時、大阪では「地域と学校が協働し、学校を地域文化の発信源としていこう」と謳《うた》われ始め、それぞれの学校や中学校区での取組みを模索し始めたときでした。

「労働体験学習」は、子どもたちが職場体験を通じて、働く人たちの思いや苦労や生きがいなどを肌で感じ、働くことの意味づけを行っていくものです。当時は、学校としての枠組みが強固でしたので、中学生が個々に校外へ出て行くことへの教員の抵抗感や、チャイムとチャイムの間の枠組みを崩し、フレキシブルな時間設定をすることへのとまどいがありました。また、地域の方を講師として招くことも受け入れがたい雰囲気が、教員の中に蔓《まん》延していました。

事業所の方々の理解を得るまでの苦労、そして事前訪問へ

受け入れ側の事業所の方々にも、体験学習の意味についてなかなか理解してもらえず、開拓にも困難がつきまといました。ほとんどの事業所で「中学生にさせることなんかないで」と、まず一蹴されました。私たちは、「掃除でも何でもいいですから。みなさんが働いておられる場にいさせていただいて、その雰囲気を実感させてもらえませんか。とりあえず考えておいていただけませんか」と言葉を残して帰りました。

数日後に改めて訪問をすると、二件に一件は、「先生がそこまで言うなら、何かできること探しとくわ」という返事をもらうことができたのです。

それでも、当時の所属学年の生徒百数十名分の職場の確保にはまったくたりず、最後は、PTAの歴代会長、地域の有力者の方々の家を訪問し、ご協力を願ってようやく六十数か所の職場を開拓しました。一事業所に生徒二〜三名です。

職場体験の三日前、事業所の方たちが熱心に職場のことを語る「聞き取り」の場である事前訪問を行い、子どもたちをそれぞれの事業所へ送り出しました。すると、「中学生にさせることはない」と言っていた事業所の人たちが、子どもたちの顔を見て安心したのか、「そこまで子どもに任せていいの？」と思えるような仕事の大事な一片を与えようとしてくれました。

職場体験本番でみせた子どもたちの「いい顔」

職場体験当日の朝、子どもたちがおのおのの事業所へと向かいます。私たち学年の教員は、写真撮影を兼ねて各事業所を回り、事業所の方たちから、いろいろな声をいただきました。

家具屋の大将は、「先生、この子ええ筋してるで」と子どもが組み立てた下駄箱を見せてくれました。子どもたちは、集中して黙々と作業を続けるあまり、私たちの声かけにも気づきません。そばで声をかけると「あ、先生」とやっと気づき、いい顔を見せてくれました。

電線を作る事業所で検品をしているAとBのペアは、学校ではAがBの勉強の面倒を見ていたはずなのに、現場ではBがAに検品の指示をしていました。

様子を見ていた教員が、「これ、学校と正反対や」と驚いて、すぐさま学年の教員に報告する姿もありました。

保護者の中には、商店街に職場体験に行ったわが子を心配し、わざわざその店の品物を買いに行った方もいて、家では見られない子どもの姿に驚いたといいます。

全体で数百名の地域の人たちがかかわってくれた職場体験の、子どもたちに対する評価軸の豊かさと人々の熱意が、子どもたちのこれらのあり様《よう》を生み出したのでしょう。

渡日の方たちとの交流の場「松原第七中学校区国際文化フェスタ」を開催

職場体験では、体験の場として、校区の保育所・幼稚園・小学校にも依頼し、これが校区での校種間連携を強めるものとなりました。この取組みを綴った報告冊子は、一〇〇〇部以上刷り、研修会や報告会で配布してきました。どの会場でも、「問題は起きませんか」と質問を受け、そのつど私は「大丈夫です。地域の力と子どもの力を信頼しましょう」と答えてきました。

松原第七中学校でも、地域・校区がつながる取組みはすでに始まっていました。校区には、中国から帰国してこられた渡日の方々が多く、一つの文化コミュニティーを形成するほどでしたが、渡日の方々は地域や職場で孤立することが多いものでした。そこで、一九九五年、渡日の方々と地域住民の交流の場として、「第一回松原第七中学校区国際文化フェスタ」を開催しました。松原第七中学校区地域教育協議会が中心となり、中国からの帰国生たちの日本語指導や進路保障に取り組んでいた校区の教員と地域の人々が協働して行ったものです。

第一回フェスタの参加者数はのべ約一五〇〇人。二〇一二年には一八回を重ね、参加人数も、のべ約五〇〇〇人を超えました。教育機関、地域の消防団や松原七中卒業生たちが加わり、一つの地域モデルとして形を成しつつあります。中学校区ごとのフェスタも、松原第七中学校区を皮切りに次々と組織され、現在は松原市内七つの中学校区すべてで取り組まれています。

人間関係づくりの授業で重要――総合的な学習（キャリア教育の部分）と校種間連携

松原市は人権教育に長年取り組んでいる地域であるということもあり、幼・小・中の中学校区での連携が比較的進んでいます。松原市の中学校区七つすべてに、幼・小・中による人権教育研究会が組織され、年二回、教員が一堂に会して各中学校区の人権教育研究会として公開授業や研究協議、講師を招いた研修会に取り組んでいます。各校の代表者が集まり、人権教育研究会の準備過程での情報交換のために、定期的な打ち合わせを行っています。

人間関係づくりにおいて、総合的な学習のキャリアの部分や、中学校区における校種間連携は、きわめて重要です。人間関係づくりの授業は、人間関係づくりにおけるスキルやあり様を学ぶ場です。しかしそれは、道徳の時間で二四の価値項目に基づく道徳的判断力・道徳的実践意欲・道徳的態度を養うこととほぼ同レベルの基礎的なことになります。次の段階では、道徳と人間関係づくりをベースにして、子どもたちがそれを試すフィールドが必要なのです。

校内でいうと特別活動や教科授業であり、地域と学校とのつながりでいうと総合的な学習の時間なのです。学校から地域へとフィールドは発展し、フィールド上で道徳的実践力や人間関係スキルが試され、子どもたちの身についていきます。職場体験に代表される学校から地域へ出ていく取組みが、人間関係スキルを高めていくうえでは欠かすことができないものなのです。

人間関係づくりの授業の前提②――
「学び」のデザインと「モデル」のデザイン

人間関係づくりの授業は、特別活動や総合的な学習とリンクして効果を発揮

文部科学省学力テストの実施以来、「学力」低下への批判が増し、改訂された指導要領では、文部科学省は「方向性は従来と変わらない」というものの、総合的な学習の時間の削減となりました。

二〇〇二年度に総合的な学習がスタートしてから、「何をしたらいいのか、わからない」と右往左往した中学校は多くありました。文部科学省が指導要領で提起した「国際理解・情報・環境・福祉」などの課題について、中学校の現場が、総合的な学習を体系的に構築できなかったことが、学力低下への批判に対する反論も十分に行えなかったゆえんです。

人間関係づくりの授業は、行事を含む特別活動や総合的な学習とリンクして、より効果を発揮します。学級での活動、体育大会や校外学習などの行事や特別活動、職場体験などの総合的な学習での子どもの活動を思い浮かべてもらえば、「人間関係づくりの授業での学びを実践する」というイメージを理解していただけると思います。

「モデル性の強いもの」から「モデル性の弱いもの」へ

また、基礎となる道徳や人間関係づくりの授業では、子どもたちに道徳的価値観（道徳の時間における内容項目にあたる）や人間関係スキルというモデル性の強いものを提起します。手法としては、子どもたちをベースにおいたファシリテーションなのですが、内容は、基礎的であり、人間としてのあり方の強固なモデルなのです。

それは、安全な環境のもと、強いルールのあるなかで、すべての子どもたちが心を開き、安心して参加できるものでなければなりません。道徳の時間や人間関係づくりの授業では、子どもたちの能力差が顕著に出たり、競争のたぐいはなじみません。

それが一段上がって、行事や特別活動になると、子どもたちの自主性や個性を前面に出したものへ発展させていくことができます。つまり、モデル性を弱めることで、子どもたちの企画力・実行力・問題解決力を日々の取組みや行事などを通じて、生かし、育てていくのです。

若干ゆるくなったルールのもと、子どもたちの社会において、子どもたち自身がチャレンジしていく幅を保障していくものとなります。行事や特別活動が、強いモデル性をベースにしたクオリティーをもっているとき、子どもたちが大きく成長していくのです。

そして、総合的な学習の時間に、大人モデルと子どもモデルの出会いがあります。

図1　「学び」のデザイン

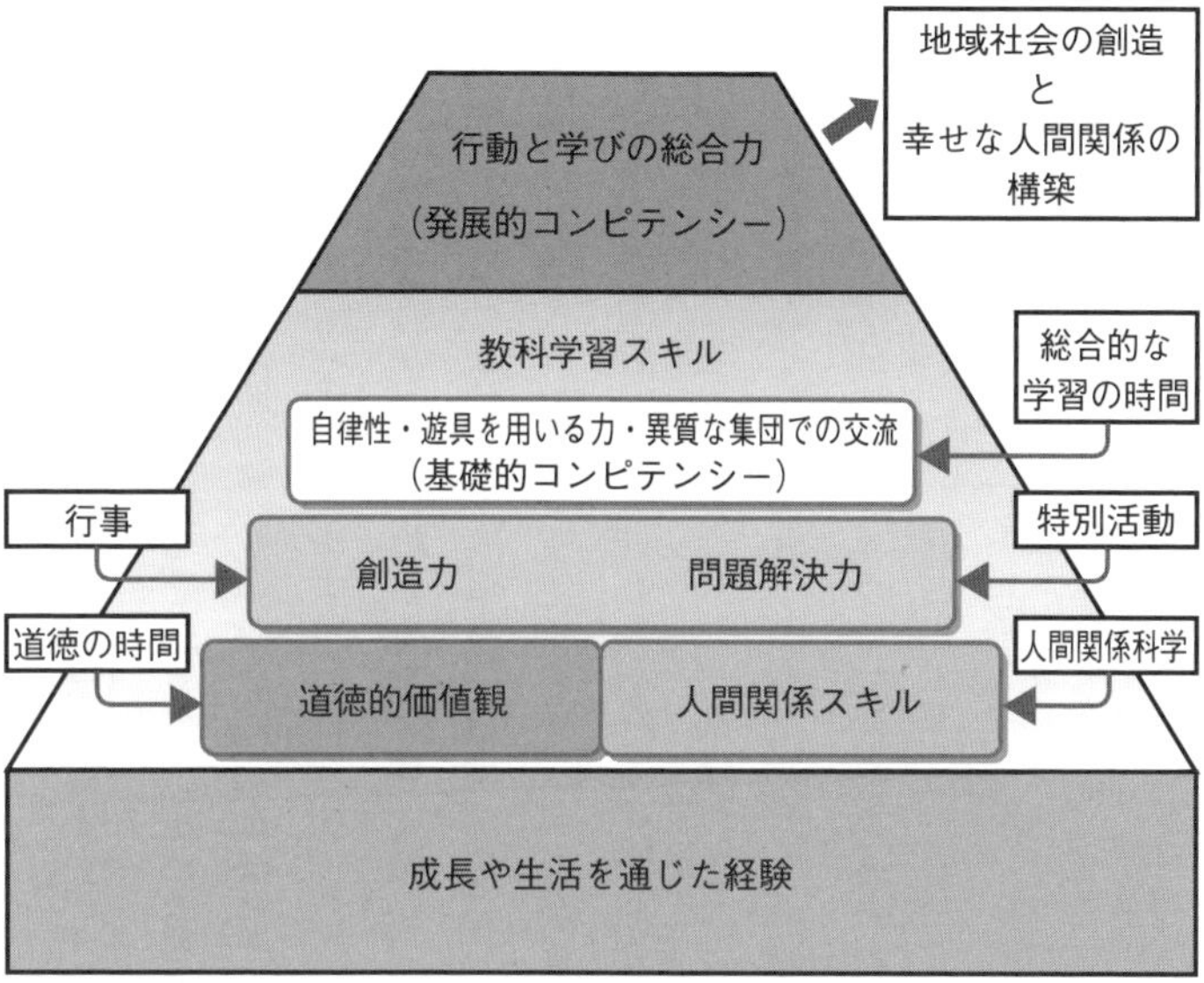
地域社会の創造
と
幸せな人間関係の
構築
行動と学びの総合力
(発展的コンピテンシー)
教科学習スキル
総合的な
学習の時間
自律性・遊具を用いる力・異質な集団での交流
(基礎的コンピテンシー)
行事
特別活動
創造力
問題解決力
道徳の時間
人間関係科学
道徳的価値観
人間関係スキル
成長や生活を通じた経験

図2　「モデル（理想像）」のデザイン

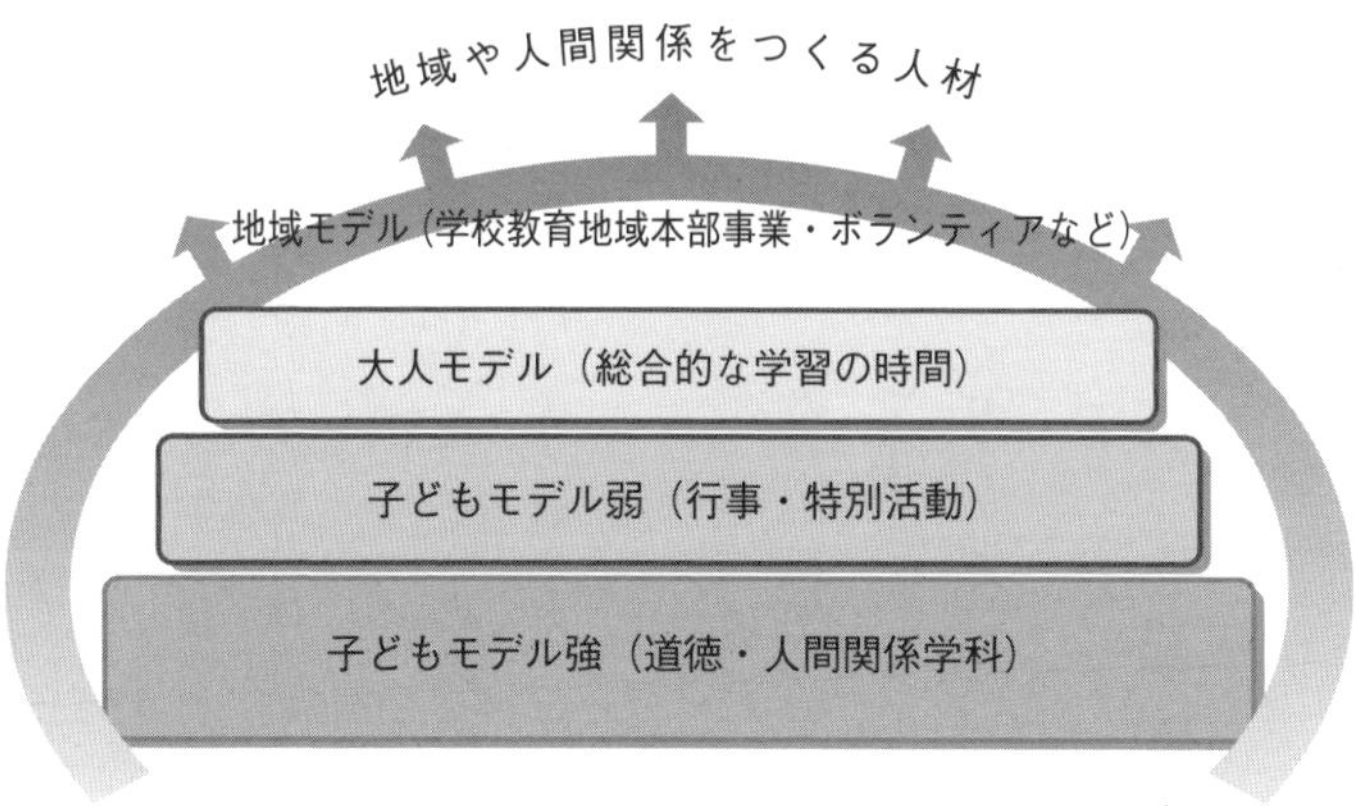
地域や人間関係をつくる人材
地域モデル（学校教育地域本部事業・ボランティアなど）
大人モデル（総合的な学習の時間）
子どもモデル弱（行事・特別活動）
子どもモデル強（道徳・人間関係学科）

「人間関係づくり」から「人間づくり」へ

大人一人一人の生き方や仕事を通じて、子どもたちは理想とする大人像をめざすことができます。最終的には、地域の発展のためにがんばっている大人たちと子どもたちの集合体である地域モデルとの出会いになります。

将来、子どもたちがどんな生き方をめざすのか、人間が幸せに豊かに生きていくために、地域や世の中ではどんな仕事や取組みや組織が必要なのか、その疑問にこたえてくれたり、子どもたちの活動のフィールドを与えてくれるものが地域モデルなのです。

このモデルとの出会いのプロセスを経て、子どもたちは地域や社会にしっかりと根づき、地域や人間関係をつくる人材となって、地域へ帰ってくるのです。将来、地域のために生きていくことのできる大人となり、自らが大人モデル・地域モデルとなっていくのです。

私は、そんなプラスのスパイラルに満ちあふれた、学校づくり・地域づくりをめざしていきたいと思っています。

私たちの支援のベクトルは、「人間関係づくり」から「人間づくり」へとシフトしていかなければならない段階に入ってきたようです。

中学校区における幼保・小・中の連携のむずかしさと今後の展望

幼保・小・中の教員の協働の取組みの増加

一九九〇年ごろまでは、中学校の教員が校種を越えて話をする機会はほとんどなく、校種間の接続（小学校六年・中学校一年）にあたって若干の情報交換はあるものの、研究会や研修会などで顔を合わせた際に、実践報告を聞き、質問する程度が限界でした。同じ子どもたちについて、教育内容を問い返したり、連携して行うことはほとんどなかったといえます。

一九九〇年代も半ばを過ぎると、幼・小・中が協働して取り組む機会が増えてきました。前述の職場体験など中学校区をベースとした校区での学びや育ちという観点からの取組みの必要性が唱えられ、幼・小・中の教員が同じ土台のもとに取り組み、話をする機会が急増しました。

私は、二〇〇八年、二〇〇九年と校区で連携した研究推進に専念する立場となりました。この経験を通じて、実際の内容レベルや子どものとらえ方など多くの点で、中学校と幼稚園では連携がとりやすいいっぽうで、小学校と中学校では、共通の土台をもつことが非常にむずかしいことに気づいていきました。

小学校教員と中学校教員の対立の表面化

私のこれまでの経験からいうと、中学校の教員と小学校の教員では話が合わないことが多いのです。連携を模索するなかで、両者の対立が表面化してきました。

小学校からは「この子がなぜあんなふうになっていくの？　小学校のときはそんなことなかったのに」という声があがるようになったのです。

小学校教員にしてみたら、思春期を迎えた子どもたちに相対する経験がない状態で、「荒れた中学生」の姿を見てしまえば、中学校の教員の指導力を疑ったり、教員と子どもたちの信頼関係のなさに目がいってしまうものでしょう。

他方、中学校の教員からは、「チャイム着席もできないようでどうする。こんなことくらい、しつけて（教えて）おいてくれないと困る。小学校で形づくりをしていないから、中学校に入って厳しい状態になるんだ」「教科内容くらい、ちゃんと教えてもらわないと、中学校ではやっていけないよ」という声が聞こえるようになりました。

このように、生活指導や教科の指導内容の専門性だけにとらわれた声も聞こえてくるようになりました。小学校での子どもたちの実態を知らない中学校の教員からみれば、小学校での対応の甘さが現状をつくりあげていると思うのでしょう。

中学校と幼・保の教員の関係は良好

逆に、中学校教員と幼稚園教員とは話がよく合います。

この理由として、一つには、中学校と幼稚園は小学校をはさんでいるので、直接接続しているわけではないという距離感があります。

もう一つは、生徒と園児の六年以上の年齢差からくる関係性です。「子どものお世話をしたい」という生徒は多く、園児のめんどうをみる中学生のほほえましい姿を見ることもよくあります。社会への出口としてある中学校教育のなかで、自己効力感や自己有用感を高めることができる場が重宝され、家庭科の時間や総合的な学習の時間で、園児とともに時間を過ごす「保育実習」に取り組む学校も多くなりました。

直接的な利害関係がないかかわりですから、幼稚園と中学校の教員はマイナスの関係になる要素は少ないといえるでしょう。

それに加えて、実際に人間関係づくりの授業をつくっていくうえで、研究協議を重ねるうちに、幼稚園と中学校の意外な共通点を発見することができました。それは、「選ぶ」という観点です。

中学校と幼稚園の共通点――「選ぶ」という観点

中学校では、子どもたちの進路選択という大きな課題を乗り越えさせるために、さまざまな装置を埋め込んでいます。総合的な学習の時間では、コース別学習という形態をとり、多様な課題に取り組んでいます。職場体験などは、究極の個人選択といえるでしょう。人間関係づくりの授業の中でも、選ぶことは捨てることと表裏一体であることに気づかせていきます。

中学校では、教育システム上、進路選択をするという課題がありますが、このプロセスは思春期における「自分探し」にも重なってきます。

いっぽう、幼稚園では、乳幼児期の完全依存の状態から、自己確立へと進んでいきます。言語の習得や興味関心の広がりから、子どもたちをひとくくりにして支援することはむずかしく、ある意味、園児たちは「自分探し」を行っている「思春期」にあると聞きます。そのため、幼稚園での保育（授業）自体が遊び中心に組織され、園児たちが選択できるさまざまなアイテムを準備し、一人一人のニーズにできるだけこたえようとするそうです。

この意味では、中学校でも幼稚園でも、形を決めて枠はめをするというよりも、若干「あそび」をもたせ、そのなかで子どもたちが自由に行動し、自己決定に基づいた判断を下していくというプロセスが重要視されています。これが幼・保と中学校の大きな共通点と考えます。

ひなどりを相手にする小学校一年担任の大変さ

　私は中学校の教員でしたので、中学校寄りの見方になってしまうことを、まずお許し願いたいと思います。小学校では、学年の教員団は存在しても、子どもたちへの支援は担任が中心という色彩が強くあります。私は、「初任者採用された小学校教員の両親が、運動会でのわが子の晴れ姿を見に来た」という話を聞いて驚きました。短絡的かもしれませんが、「小学校では子ども以上に先生が目立つんや」と感じてしまったのです。中学校では見られない光景です。

　中学校でも教員の支援は重要であり、教員のがんばりや指導性の発揮の仕方しだいで子どもの出来不出来が決まってくることは確かですが、評価されるのは先生以上に子どもたちです。しかし、小学校では子ども以上に先生だ、ということにも必然性を感じるのです。

　私も小学校一年生が大変なのは知ってはいましたが、実際に授業を見ると、この子どもたちを椅子に座らせること自体が至難の技に感じました。巣の中で親鳥を待つひなのように、口を大きく開けて口々に話しかけてくる子どもたち。相手をしていることを瞬時に伝えなければすねてしまう。教員は、そんな子どもたちを教室の中に座らせ、全員の顔を上げさせ、しっかりとホールドしなければなりません。小学校一年生の担任とは、確固とした枠組みをつくり、完璧なまでに子どもへの承認力がなければやっていけません。ほんとうに大変なことです。

「選択する」という概念は、小学校では育ちにくい

小学校の六年間は、自己中心的なあり様の子どもたちを、集団で行動できるように形づくっていくために、教員の指導性を前面に出さなければならないことがよくわかりました。

入学当初の自己中心的な子どもたちの認識が他者へも向いてくるのが三年生くらい。周りがどう思うか徐々に理解できてきます。五年生になれば、教員としては扱いにくい自我も出てきます。小学校では五年生の二学期が一つのポイントになっていると思いますが、鬱積《うっ》した状態も、六年生になれば小学校の最上級生として、自信をもった姿へと成長していくのです。

一〜六年生までのこのような姿が、一つの学校文化のなかに同居しているのです。これは相当むずかしいことではないか、と感じます。せめて低・中・高学年と三つに分け、徐々にシステムを変えていけばいいように思いますが、条件的には非常にむずかしいようです。

以上のようにみていくと、小学校の現在の枠組みでは、担任する学年によって多少の違いがあっても、子どもよりも教員の指導性が優先されることは、避けられないものだと思うのです。

先ほどの話に戻れば、小学校の子どもたちが「選択する」という概念は、小学校のなかでは非常に育ちにくいことがよくわかりました。実際に小学校の教員からも、「そんなことをやってみる機会はほとんどない」という現実を聞き取りました。

小学校では人間関係づくりの授業自体が予定調和的になる

「選択する」という概念が、小学校では育ちにくい――私が二年間、週に数回、小学校の人間関係づくりの授業のお手伝いをしたり、授業を参観させてもらっていちばん感じたのがこのことでした。授業づくりでは、この問題が大きな壁となったのです。

つまり、人間関係づくりの授業自体が非常に予定調和的（答えがあらかじめ決められている）なものだったのです。

本来の人間関係づくりの授業のあり方は、すべての子どもたちを教員が受け入れることから始まります。感情レベル、学習内容、規範意識、いずれにおいても「すべて受け入れる」のです。ときには、明らかに間違っていると思われることさえも、あえて受け入れるときがあります。「そうか〜なんだ」と、子どもたち一人一人が、自分は大事にされている、という気持ちをもってもらうことから始まるのです。

しかし多くの教員は、授業内容を指導案に表し、「ねらい」から「気づき」へと導いていくときに、「ねらい」を子どもたちが表すべき「答え」と思い込んでしまう過ちに陥っていました。これは、中学校の教員にも同じことがいえるのですが、小学校の教員のほうが圧倒的に多かったのです。

「そうやね」――教員の予定調和の気持ち

例えば、目標とするスキルが「対人関係」や「感情対処」であり、ねらいとして「自分の感情をコントロールしながら、コミュニケーションを通じて成功するという達成感を味わわせる」だったとします。

エクササイズが終わり、それぞれの「気づき」を交流し合う振り返りとシェアリングで、A子が「みんなでかけ声をかけてやってみたら、うまくいきました」と答えたとします。すると、この「気づき」は「ねらい」に合致しているので、教員は「そうやね。いいところに気づいたね」と、その子をほめます。

次にB男が、「すごく簡単で工夫しなくてもできたので、面白くありませんでした」と言ったとします。すると、教員は「えっ！」と息を詰めてこう言うのです。「気持ちを一つにしないとできないはずなんだけど……」――予想外の言葉が返ってくると、「ねらい」に引っぱられて、こうなってしまいがちなのです。

「そうやね」という言葉には、「ねらいどおりやってくれてありがとう」という教員の予定調和の気持ちが込められています。言葉には出さずとも、子どもたちにはそう伝わってしまうのです。

小・中学校間の授業研究と研究協議を重ねることで、教員は成長できる

「えっ」と絶句したり、「あ、そう」とそっけなく答えたり、「そうかな」と疑問の気持ちを表したりすると、子どもたちには「失敗した」という気持ちだけが残り、自分のあり方がどうだったかと、振り返られる状態にはなりません。次にどう言えば教員に「そうやね」と言ってもらえるかしか考えなくなるのです。しかし、これでよしとする教員は多いのです。

人間関係づくりの授業の大前提は、エクササイズを通じて子どもたちに一つの出来事を起こし、そのなかで振り返り、自己開示を通じて伝える力をつけ、他者の自己開示を受け入れることのできる聴く力を育てることにあるのです。

教員が受け入れたり、フィードバックを返していくことにより、子どもたち自身が自分でビルドアップし、エンパワーしていくのです。予定調和的なあり様は、教員のあり方を子どもたちに押しつけているものでしかありません。

しかし、小・中学校間で授業研究と研究協議を重ねていけば、小・中の教員ともに成長することが可能になるのです。かつて、「子どもたちの前で自分を素で表現することが怖い。そんなことをすると、子どもたちに自分のやり方を食い破られてしまう」と私に語ってくれた若手教員も、いまでは自分の心をしっかり開き、地に足をつけたすばらしい授業を展開しています。

成長のプロセスから校種間の接続を考える

最後に、幼稚園、小学校、中学校というシステムが、子どもの成長のプロセスにおいてどのような位置をしめているのかということを述べて、この項をしめたいと思います。

下の図3を見てください。仮に、幼稚園では子どもたちが完全依存の状態から始まり、主体的なあり様を十分に満たした状態で中学校の教育課程を修了すると仮定します。子どもたちの成長のプロセスは、イメージ化するとこのようになります。実際には主体的な部分は若干上下動を繰り返しながら右肩上がりになっていくようなものになるのではないかと思います。

この成長の図は、子どもの立場からみたものであり、子どもたちにとっては、こんな右肩上がりの成長を成し遂げることが理想であるに違いありません。ただし、これは、幼稚園から中学校までが、一つの学校であると仮定した場合の話になります。実際には、幼稚園、小学校、中学校と三つの校種に分かれているのです。

図3　子どもの成長のプロセス①

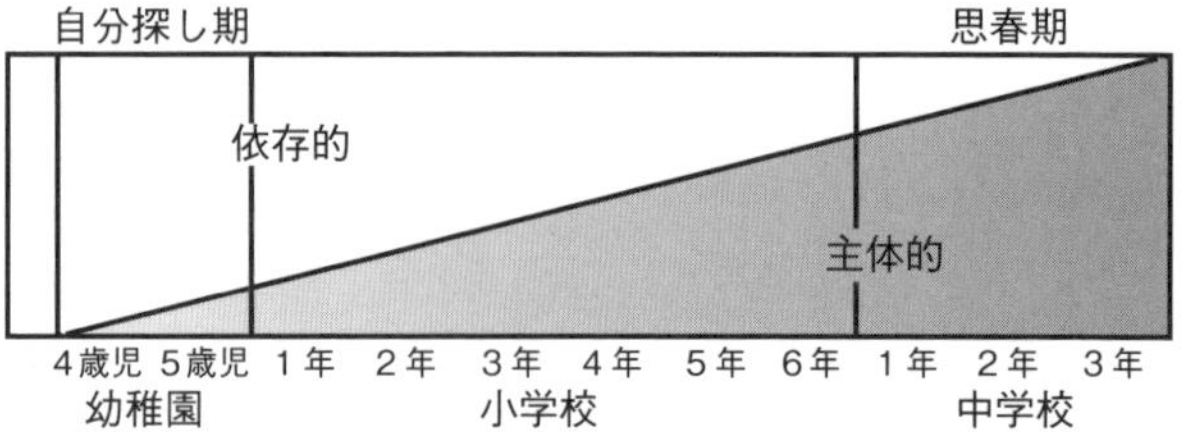

小一プロブレムや中一ギャップはこのようにして生まれる

一つの学校においては、必ずその学校なりの学校文化が醸成されます。それは、子どもの状態、地域性、時代性、教育政策などで規定されるのですが、学校文化が規定される大きな要素は子どもの状態ではないでしょうか。幼稚園は二年、中学校は三年という短期です。しかも、自分探し期、思春期という成長における特徴的な時期を子どもたちは過ごします。いっぽう、小学校は六年間という長期にわたり、この六年間で、子どもたちは大きく成長します。しかし、学校文化というものは、その学校の中で、平均化されるのが普通です。すると、主体的・依存的という尺度で教育をみたときに、平均化されたイメージは図4のようになってしまうのです。つまり、幼稚園と小学校、小学校と中学校の間には、こんなに大きなギャップやハードルが生まれるのです。しかも、全員が幼稚園に行ったわけではないので、幼小のギャップは深刻であるといえます。校種を越えた連携や協議がなぜ必要であるのかということがわかっていただけるのではないでしょうか。

図4　子どもの成長のプロセス②

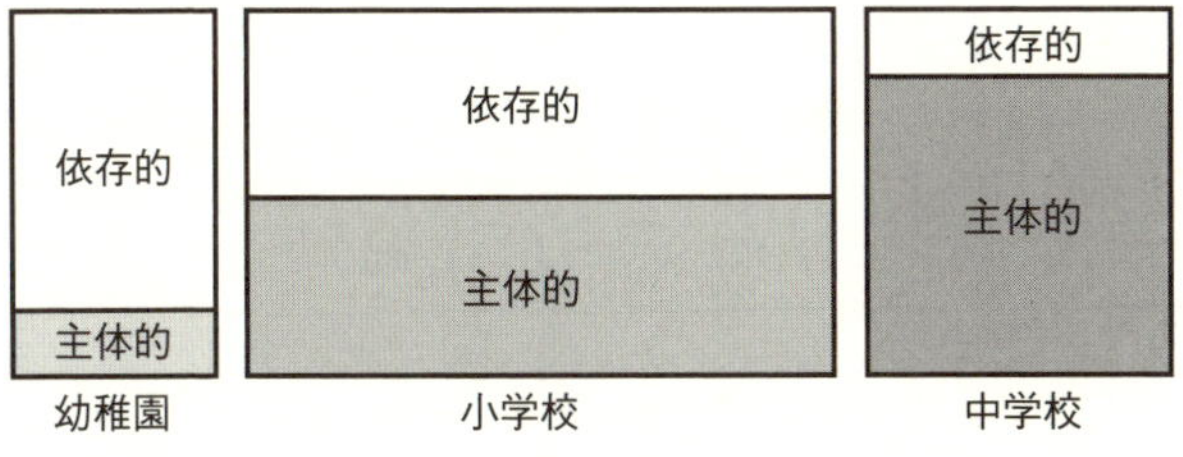

人間関係づくりに取り組めば「学力」が上がる

認知力が点数を押し上げる

この章の最後に、「ゆとり教育批判」の中核をなしている学力低下の問題に関して述べたいと思います。まずもって、「学力」とはいったい何なのかという論議があります。そもそも、学力低下の根拠となっている文部科学省の国際的な学力比較においては、包括的な力を問うＰＩＳＡ（ＯＥＣＤによる「生徒の学習到達度調査〈Programme for International Student Assessment, PISA〉）が使用されています。したがって、学力の国際比較自体が生徒の総合的な力を問うものとなっていることが前提です。それに伴い、文部科学省の学力調査や自治体独自の学力調査もここ何年かの流れで、ＰＩＳＡの学力観にそったものが出題をされるようになっているのです。「学力」というものが現在では、大阪などで特に強調されている「基礎力」「反復力」「処理能力」だけが問われているものではないということを理解してください。ここでは、ＰＩＳＡの学力観に立った総合力・包括的な力と反復力・処理能力などの基礎力を含めたものを学力というふうに位置づけたいと思います。そして、その結果は文部科学省や自治体の調査の点数として表れるというようにしましょう。

なぜ最初に、このような回りくどい位置づけをするのかといえば、ここまで読み進んでくださった読者のみなさんにはおわかりかと思いますが、本来の学力というものは、たとえ総合的・包括的な問題を解いたとしても、それはあくまでもペーパー上、あるいは机上の力であるということだからです。決して、人と人との関係を調整するために必要な力、そのために、相手の話にじっくりと耳を傾ける傾聴する力、聴き出したことから相手を想像しながら主張する力、ものごとを解決するために発揮されなければならない相乗効果を生み出す力、あるいは、ものごとをポジティブにとらえ、自分も周りも幸せになることのできるWin & Winを生み出す力などは、ペーパー上で計ることはできないのです。ましてや、一九九五年以降の時代の変化についていけなかったのは、学校だけではありませんでした。そして、「学力低下」の真の要因は、高度情報化による認知力低下と、個（孤）族化によるコミュニケーション環境の破壊であるといえるでしょう。そして、地域の大人や学校の教員の世代交代がそれを促進しているのです。決して「ゆとり」だけが原因ではありません。

となれば、失われた認知力とコミュニケーションを取り戻せばいいのです。実際、認知力が高まれば、「自分のできること・できないことがわかり」「自分の目標を立てることができる」ことなどで、ペーパー上に表れる点数を押し上げることが可能になるのです。

人間関係づくりの授業が認知力を高める

人間の成長のプロセスは、「認知・行動・評価」のスパイラルであることは、すでに述べました。しかし、このプロセスは、文部科学省の指導要領を見ても、どこにも書かれていません。現実的に、教科授業などにおいては、このプロセスを保障する時間を確保するなどということすら不可能であるのです。ただ、私たちは、直感的にこのプロセスが人間力をアップさせるのに有効であることを知っていますので、行事終了ごとに感想文を書かせたり、問題行動後の反省文に取り組ませたりしているのです。しかし、これはあくまでも教員の経験として行っているだけであり、教育課程のなかにしっかりと位置づけられたものではないのです。

しかし、人間関係づくりの授業には必ず、①インストラクション＝ねらいの共有（認知）、②エクササイズ（行動）、③振り返り・シェアリング（評価）という「認知・行動・評価」のスパイラルを促進させる機能が毎時間組み込まれているのです。それを、毎時間こなしていけば、徐々に子どもたちの認知力は向上していきます。それと同時に、教員と子どもの距離、子どもどうしの距離がコミュニケーションの活発化とともに近づいてきます。シェアリングにより、教員・子どもとも人間の枠組みが広がってきます。これが、学力検査におけるペーパー上の点数を上げないはずがありません。

の実践が、ひとつの答えを出してくれました。

コーディネーション校である高知県黒潮町立大方中学校の実践

松原第七中学校でも、ある程度このような成果を確認することができるのですが、残念ながらそれを実証するエビデンス（証拠）がありませんでした。ですから、私は感覚的にはそう感じていたとしても確証としてはもっていなかったのです。しかし、高知県黒潮町立大方中学校の実践が、ひとつの答えを出してくれました。

高知県黒潮町立大方中学校は、二〇一〇年の秋に高知県教育委員会の生徒指導主事育成プログラムをきっかけとして、私がコーディネーションに入っている学校です。この二年半の間に、校内研修会、模擬授業、授業研究会を七回もこなしてきました。そして、その間、人間関係づくりの授業を試験実施し、二〇一二年度からは、本格的に「あいあいネットワークｏｆＨＲＳ、年間8時間×3年間＝24時間」の人間関係づくりプログラムを本格実施しています。

大方中学校の岡崎哲也、前校長（現、四万十市立下田中学校長）は、この間の成果を「月刊『指導と評価』二〇一三年三月号」に寄稿され、その中で次のように述べておられます。

「学年・学級の実態によって違いはあるが、このプログラムを計画的に実施することが必要であると考えている。……中略平成二一年度から取組みを始めた三年生を、全国学力・学習状況調査の結果から考察すると、『自分にはよいところがあると思いますか？』の設問で全国平均より一二・二ポイント高く、『将来の夢や目標をもっていますか？』の設問でも一四・二ポイント高い結果が出ており、生徒の自尊感情は高く夢や目標をもっている生徒が多いことが成果として現れていた。また、『学校のきまりを守っていますか？』の設問も全国平均より一八・六ポイント高く、規範意識が高い生徒が多いこともわかった。生徒たちは、学校生活の中で、よりよいものをめざそうとする意識をもって、さまざまな活動に主体的に取り組めるようになっている。」

というように、プログラムを実施したことが自尊感情や規範意識の高まりに効果があったことを述べ、学力の向上について次のように言及しておられます。

「平成二一年度の全国学力調査国語Bの結果は県平均程度だが、全国平均を下回っていた。しかし、平成二三年度、平成二四年度と上昇している。特に、一年生から取組みを強化してきた三年生については、全国平均を上回る結果となっていた。とりわけ記述式問題においては、全国平均を大きく上回った。」

大方中学校もかつては厳しい実態を経験されたそうですが、人間関係づくりの授業を導入することにより、子どもの自尊感情の向上が点数の向上につながることを実証しているのです。

人間関係づくりの授業は人間力向上の授業

文部科学省が提唱しているキャリア教育の4領域・8項目（職業観・勤労観をはぐくむ学習プログラムの枠組み）の中でも、人間関係形成能力（自他の理解能力・コミュニケーション能力）は一番にあげられ、その中核を占めています。認知・行動・評価のスパイラルによって育てられた人間関係形成能力は、学力向上に大きく貢献するのです。

まず、自己認知により自分の力を把握します。そして、教員や周りの仲間に質問するというコミュニケーション能力が発揮されます。困ったときに援助を求めたり、困っている人に遭遇したとき支援ができる力も、立派なコミュニケーション能力なのです。このような活動を通じて子どもたちは一定の成果を出すことができるのですが、その達成感は自己肯定感・自尊感情を高めることができます。

自己肯定感・自尊感情が高まってくると、「我慢する」ことが可能になります。一つの目標のために耐えたり、修練することができるようになるのです。こうなれば、将来設計能力や意志決定能力も身についてきます。そして、将来設計のための情報活用能力も発揮されることになります。つまり、キャリア教育の4領域・8項目のすべての領域にわたって力を発揮できるようになるのです。

便宜上、私は「人間関係づくりの授業」という言葉を使っていますが、実は、これは、「人間力向上の授業」というほうが正しい表し方であると言えるのではないでしょうか。

いじめは絶対に許さない！

二〇一二年七月、その前年の一〇月に滋賀県大津市で起こった中学二年生の自死に関してマスコミが大々的に取り上げ、社会問題となりました。いじめ被害者の遺族の方々の怒りや声が事件後一〇か月も経った後に、やっと取り上げられました。そして、学校を含む関係者にやっとまともに向かい合うことができた、という印象を受けました。

明るみに出た七月以降は、インターネットでのさらしの問題や、脅迫事件、襲撃事件などの、依存が依存と攻撃性を生み出すという（依存の連鎖）、いまの社会を象徴している事件が続いたのです。私は、事件直後からインターネットでニュースを追いかけていましたが、当時から「大きな問題を抱えた事件」というように感じていました。世間の声が大きくなり、逃げ場がなくなってやっと、「いじめである」ことを学校をはじめとする教育機関が認めたのです。まさに、ぶざまであり、恥ずかしい出来事でした。

二〇〇六年のいじめの社会問題化から五年、いじめ被害のことが社会から忘れられていたときでした。インターネットのニュース検索を使っても、数えるほどしかいじめに関してのものを見つけることができなかったときだったのです。そして、再び、二〇一二年七月、社会問題化しました。いじめの問題が体罰の問題へと移行し、二〇一三年六月には、国会で「いじめ防止対策推進法」が成立し施行されることとなりました。いじめにかかわる初めての法律なのです。これからは、いじめ加害者になることは、「法令に違反する」という重大な責任を負わなければならないということを意味しているのです。

この背景には、「いじめは絶対に許さない！」という立場で活動されている多くの人たちの力がありました。いじめ被害者の遺族である小森美登里さんが中心となっておられる「ジェントルハートプロジェクト」、同じく大澤秀明さんが代表をされている「全国いじめ被害者の会」です。

また、結成からこれまでに三〇〇〇件以上、一年に五〇〇件以上のいじめにかかわる相談を受け、それらのいじめを解決させた「いじめから子どもを守ろうネットワーク」代表の井澤一明さんです。井澤一明さんは、著書『いじめは犯罪！　絶対に許さない！』（青林堂）の中で、「いじめを解決できるのは教師しかいない」と断言しておられます。

教師であるなら、子どもたちが「幸せな学校生活を送る」ために職務を遂行する義務があります。子どもたちのことがわからないのなら、わかる努力をしなければいけません。いじめを見抜くことができなければ、見抜くことができる力をつけなければいけません。いじめをとめることができないなら、教師の力を結集して臨まなければなりません。「いじめ防止対策推進法」は、文言のいかんにかかわらず、そういうことを教師に要求しているのです。

学校の教師は、力不足であったり、コミュニケーションが苦手であるというようなことを口実にしてはならないのです。

第5章

人間関係づくりの授業と教員研修の実際

――ファシリテーションとは何か

人間関係づくりの授業以前の私の授業スタイル

教科（英語）では、「教える」ではなく「押し上げる」の感覚

私は、中学校で英語の教員をしていました。普通、英語の教員は英語を教えますが、私には、英語を「教えている」という実感がなく、「押し上げる」という感覚だったのです。

私の英語の授業は、文法事項を詳細に説明したり、板書をノートにきっちり取らせることはほとんどありませんでした。授業の初めの一五分間は、私の指示で、基礎的な英文をまず個人に言わせ、全体で声を合わせます。音楽の教員が全体を相手に指揮をしているイメージです。

新たな事項を入れるには例外なく、ロールプレイング的なモデリングを通して、私が子どもたちに対して何を英語で伝えたいか、気づかせます。そのために、ほかの教員やALT（アシスタント・ランゲージ・ティーチャー）に手伝ってもらったり、小道具や絵を使ったりします。

教科書の内容は、子どもたちの自学自習。英語の学習ではこれがいちばん大切です。日本語を班でチェックし、班から全体に発表します。意見があるときには、発表した班に対して意見を言います。こうしているうちに、英語が日本語として整ってきます。

程度です。

子どもたちをファシリテートする授業づくり

私が授業中にすることは、モデルとして英語を読んだり、日本語への若干のコメントをする程度です。

教科書のユニットのまとめとして、教科書の英文を土台にして、子どもたちに暗唱の課題を与えます。子どもたちが英文の単語を変更して、自分たちだけのためのダイアログ（会話文）を作成し、ペアになり、ジェスチャーつきの生きた英語で、全体の前で発表するのです。

子どもたちが、英語を日本語にしたり英文や単語の練習を授業中にやっていると、とても時間がたりないので、授業外に行います。

子どもたちが楽しく、自らすすんで授業外で英語を勉強するようにしておかないと、私の授業は成り立たないのです。英語の発声をすると楽しい。英語を読んでいると楽しい。英語を日本語に、日本語を英語にするのが楽しい……。子どもたちにそう感じてもらえるように授業を進めていく。これは、子どもたちをファシリテート（元気づける、エンパワーする）していることと同じなのだと思います。

こうした授業スタイルを長年とっていたので、私自身は人間関係づくりの授業でファシリテーションに、違和感なく入っていけました。

ファシリテーションとは何か

指導型から支援型のリーダーシップへ

「はじめに」で述べたように、ファシリテーション（facilitation）のそもそもの意味は、「ファシリテート（facilitate）」「（行動・処置などを）容易（楽）にする」、「促進する」「助成する」の名詞形です。

ファシリテーター（facilitator）は、直訳すれば「促進者」になりますが、この言葉が意味するところは、とても幅が広いといえます。

職場の会議が実のあるものになるよう促進する人、一つのプロジェクトを成功に導くために個々の個性を引き出し取り結ぶ人、あるいは平和会議で紛争解決の仲介者になる人もファシリテーターといえるでしょう。しかし一般的には、参加体験型の「ワークショップ」の進行促進役を「ファシリテーター」と呼ぶことが多いです。

社会の変化とともに、求められるリーダー像も、指導力の強いリーダーから、個々の主体性をはぐくむ支援型のリーダーが求められる時代になってきているのではないでしょうか。

人間関係づくりの授業では、支援型のリーダーシップが必要

人間関係づくりの授業でいえば、参加体験型の学習の進行役として、教員は以下のような役割を果たす必要があります。

①参加者の意欲を高めたり、親しくなるための場づくりを行う。
②参加者一人一人をホールド（支える、包む）する。
③初めて会った人たち、あるいは意見の異なる人々をつなぐ。
④一人一人のあり様《よう》を受け入れ、つぶやきを拾うなどして考えを引き出し、フィードバックする。
⑤子どもたちの「認知→行動→評価」のスパイラルと共感性を高めるための支援を行う。
⑥一人でできなかったことが、多くの人と協力することで成し得るという相乗効果を促す。

人間関係づくりの授業では、こうした支援型のリーダーシップを発揮することが重要になります。この姿は、「強いリーダーシップを発揮し、トップダウンで教える」指導型のリーダーとは明らかに一線を画すものです。ファシリテーションは、参加者に一人でもあくびをする人が出たら失敗です。参加者一人一人をホールドするための手段の一つとして、扮装したり小道具を使うことも多くあります（写真は慶應義塾大学でのファシリテーションの様子です）。

教員への出張ファシリテーション

参加型のファシリテーション形式の研修のねらい――個や場のあり様の認知

私が松原第七中学校の教員という立場から「あいあいネットワーク of HRS」へと立場を変えても、教育センター、教育委員会、学校などから多くの依頼があります。私がお受けする研修依頼は参加型のファシリテーション形式で行っていて、基本的には講演という形ではお受けしていません。私自身が参加者みなさんの上段から話すことができる人間ではありませんし、講演という形式での研修に限界を感じるからでもあります。

机上の学習のみで子どもの成長を促すことは困難です。同様に、先生方が何かに気づき、次の行動に一歩踏み出すことができるようなものを、という思いからこの形式をとっています。

形態は椅子・机をきっちり並べて形をつくるのではなく、椅子を扇形に並べ、できるだけ自分と参加者のみなさんとの距離を近づけて行います。みなさんに多く語りかけ、つぶやきに耳を傾け、気づきを取り上げ、フィードバックしていくことで、みなさんが個としてのあり様や場のあり様を認知し、新しい自分に出会っていただくことを最大のねらいとしています。

一回の研修に要する時間は三時間

人間関係づくりの授業がそうであるように、自分自身の根底からの変革は、自身の気づきからしか始まらないのです。それに要する時間は、場づくりで三〇分、認知の実習で九〇分、ロールプレイングと論理構築で四〇分、エクササイズの体験二〇分、合計三時間を必要とします。しかし、現実には三時間設定していただける研修会は少なく、九〇分、一二〇分となると、いくつかのプロセスをカットせざるを得なくなります。そのため、一回目の研修後に、再度依頼を受けて二回目の研修として招かれることもあります。「一つの研修で三時間」と聞くと長く感じると思いますが、参加体験型の研修は驚くほど速いスピードで進行していきます。ほとんどの場合「あっという間に終わってしまいました」といった感想をいただきます。

ロールプレイングでは、可能なかぎり、研修を主催する人たちの中から私の相手役を選んでいただき、研修開始の一時間半前には、現場へ到着し、ロールプレイングの練習をします。こうすることで、人間関係づくりの授業のタネを確実に置いて帰ることができるからです。要望があれば、二〇〇九年度の松原第七中学校人間関係づくりの授業実施指導案と振り返り掲示物のCDをお渡しすることもあります。研修後に、「自分たちで人間関係づくりの授業に取り組んでみよう」というものを残して帰ることこそが、私の任務だと思っているからです。

180分（3時間）バージョン例　慶應義塾大学公開研究会など

<table>
<tr><th>テーマ（設定）</th><th>授 業 活 動</th><th>所 要 時 間</th></tr>
<tr><td>1．ウォーミングアップ
（場づくり）</td><td>1）受けとめてください
2）名ふだづくり
3）運命の出会い</td><td rowspan="2">30分</td></tr>
<tr><td>2．ストレスをコーピングする（気づきの喚起）</td><td>1）文部科学省「学力テスト」のこと
2）コーピングのためのトレーニング
3）ストレスの流れに気づく</td></tr>
<tr><td>3．「認知」への理解
（論理的理解）</td><td>1）これなあに？
2）この色なあに？
3）人間関係学科のコア
4）脳科学の観点からの理解</td><td rowspan="3">90分</td></tr>
<tr><td colspan="2">休憩</td></tr>
<tr><td>4．いじめ・不登校をうみだすもの（方向性の提示）</td><td>1）ロールプレイング
主体的なあり様と依存的なあり様
2）いじめ・不登校未然防止のメカニズム</td></tr>
<tr><td>5．教員の相談力とは
（解決する力の提示）</td><td>1）ロールプレイング
聴き方
2）フィードバックのあり方</td><td>40分</td></tr>
<tr><td>6．グループエクササイズ
（体験）</td><td>1）すごろくトーキング
2）ガイダンスカリキュラムの実際</td><td>20分</td></tr>
</table>

ファシリテーションを大人のモデルのきっかけに

人間関係づくりの授業を推進していく学校の教員は、「主体的なあり様をめざしている大人のモデル」を子どもたちに示さなければなりません。そのあり様を獲得しようとして日々努力を重ねていくきっかけとなるものが、教員へのファシリテーションです。

人間関係づくりの授業を展開する学校では、日々の実践がファシリテーションそのものですが、これから実践する学校と教員は、ファシリテートの雰囲気を体感する必要があります。

子どもたちもアサーショントレーニングの授業を実施したとき、アサーティブなあり様で生活をしている子どもたちがいれば、彼らは「日々の私の行動がアサーションだったんだ」と無意識に過ごしてきた自分の行動様式に尺度をあてはめ、自己認知できるようになります。するとその子どもは、それまで以上、アサーティブに課題や問題解決に取り組もうと努力します。

周りの子どもたちは、このような子どもに影響され、自らもアサーティブであろうとします。アサーショントレーニングの実施により、増加・倍加・深化し、所属する集団のクオリティーを高めていくことになります。

教員の場合も同様に、研修でアサーティブなあり様を体験することによって、自らアサーティブになろうと努力し始めるのです。

ウォーミングアップ

心とからだをほぐして温める「アイスブレーキング」

ここでは、人間関係づくりの授業と私のファシリテーションのエッセンスを知っていただくために、授業で実際に行っていて、私の出張ファシリテーションでも行うことの多い内容の一端を、概要とねらいを踏まえて実況しながら紹介することで、読者のみなさんにも体感してもらいたいと思います。

まず、アイスブレーキングです。人間関係づくりの授業では、最初に行うアイスブレーキングとインストラクション（課題の提示）が非常に重要になります。アイスブレーキングで、心とからだをほぐして温め、インストラクションでねらいを共有し、ルールを徹底させます。

アイスブレーキングが「動」とすれば、インストラクションは「静」。続くエクササイズでまた「動」になり、シェアリングで再び「静」となります。教員は、この「動」と「静」を巧みに使い分けながら子どもたちの中に学びを起こし、その学びに気づいてもらうのです。

ここでは、アイスブレーキングのパターンを三つほど紹介します。

①「あとだしジャンケン」

講師と参加者全員とのジャンケンです。「ジャンケン、ホイ、ホイ」のかけ声の最初の「ホイ」で、講師がグー、チョキ、パーのどれかを出します。二番めの「ホイ」で参加者が手を出すルールです。「まず、あいこでいきましょう」と声をかけると、「ジャンケン　ホイ」「ホイ」と二番めの「ホイ」が部屋に響きます。見たとおりのものを出せばいいだけですから、テンポよくそろって出ます。

「じゃ、次は勝ってください」これも順調。「はい、次は負けてください」「ホイ」で上げる手のタイミングが乱れてきます。ついうっかり勝ってしまう人もいます。ふだんは意識して負けることはないので、いつもやっていることと、逆のことをするのはとまどってしまいます。

最後は、会場（教室）から一人出てきてもらって二人対会場全体のあいこジャンケンを行うこともあります。前の二人が「グー」と「パー」、すると会場は「チョキ」であ

いこです。前の二人が「グー」と「グー」、すると会場は「グー」です。三者があいこになるパターンで手を出さなければなりません。みんなのテンポが乱れてきます。状況判断をするのが少しむずかしいです。

ちなみにこの三人あいこジャンケンは、中学三年の生徒が、「もっとハードルの高いものをしよう」と、子どもたちで考え出し、クラスで披露したものです。子どもたちの創造力はたいしたものです。

②「一致団結、ソーレ！」

「一致団結、ソーレ！」という教員のかけ声とともに、手を一回たたきます。

次に、手を二回たたきます。これを五回まで続けます。五回めの最後の「パン！」という音が部屋に鳴り響きます。

少しハードルをあげて、今度は、逆に五回から一回へと下がっていきます。

音がそろったとき、何とも言えない爽快感と、会場が一つになった一体感を感じることができます。

「一致団結、ソーレ！」は、「トラスト・アップ」などの協力して取り組むグループエクササイズのアイスブレーキングに最適です。

③「そうやねゲーム」

これは、三つのアイスブレーキングの中では、最も教員（ファシリテーター）の力量がいるものです。

例えば「○○名物はタマネギですね」という問いかけに、会場のみなさんに「そうやね」と答えてもらいます。つまり、相手の言っていることを、「そうやね」という言葉でいったん受けとめてみる練習です。夏の暑い日に、「外は雪が降ってますね」という明らかに事実と異なる問いかけに対しても「そうやね」と答えてもらうのです。

明らかに違うことを言われたとき、それを受けとめないと、「いや違います」「嫌です」とさえぎったり、否定することになります。

ここでは、「きちんと聴いて返す」練習を行うのです。問いかけ（刺激）に対する「反応」を返す前に、しっかりとスペースを確保するために、「そうやね」という言葉で相手の言葉を受けとめてみるのです。

刺激と反応の間にしっかりとスペースを取ることができれば、自分のなかに起こっている感情にも変化が出てきますから、感情をコントロールしながら反応することが可能になるのです。

ストレスにコーピング（対処）する

コミュニケーションの基礎「ストレスマネジメント」

松原第七中学校の人間関係づくりの授業では、一年生の間に、コミュニケーションの基礎的なことを学んでいきます。とくにストレスマネジメントは、人間関係づくりの授業におけるプログラムの中核をなします。

自らの「ストレスへの気づき」を促すことによって、イラショナル・ビリーフ（固定観念）の解消をめざすのです。現代はストレスフルな社会と呼ばれ、周りからのプレッシャーや過度の緊張した場面に出くわすと、すぐに「ストレスがたまる」と言いますが、人間の中にストレスが発生するプロセスや、ストレスに対処する方法（コーピング）について、どれだけ理解されているでしょうか。ここでは、「ストレスへの気づき」を促すエクササイズを紹介します。

百マス計算でストレス発生の原因を知る

「いまから一枚のワークシートを配ります。行きわたりましたか？　シートを見てみましょう。A四の紙に、空白のマス目がたくさんありますね。合計何マスありますか？　そうです。百マスです。百マス計算です。数えるの速いですね。すごく期待がもてます。

左上の空白のマスを見てください。ここに四則の記号を入れます。みなさんは大学生ですから×（かける）を入れます。縦マスと横マスが交わった部分に二つの数字をかけた答えを書いていってくださいね。大丈夫、大丈夫、そんなに心配しなくても、私の経験では六割の方がパーフェクトの答えを書いてくれます。制限時間は五分ですが、そもそも、大学生になってから真剣に五分間計算したことはないでしょう。人間の力ってすごいんですよ。完成したら手をあげてくださいね。答えがここにありますから、私が丸つけをします。どのマス目から計算しても構いませんよ。やりやすいところから手をつけてください。五分たったらストップをかけますから、できているところまでで計算をやめてください。ルールは理解できましたか？　質問はないですか？　それ

では、えんぴつの準備はいいですか?」

「はい! それでは始めたいと思います」

……非常にもったいぶって、ゆっくりと時間をかけてストップウォッチを高く掲げます……

「用意! 始め!……ません。やっぱりやめときます」

(学生さんからは、驚きの声「えっ」とか、「あっ」とか、ときには抗議の声も)

「みんなありがとう。協力していただいて」

「すみません。みなさんを騙《だま》してしまいました。ほんとうにごめんなさい。しかし、肝心なことがあります。あなたたちのいまの気持ちや感じたことをしっかりとつかんでください。大丈夫ですか。しっかり受けとめましたか。……そうしたら、みなさんがもたれた感情を聞かせてもらいます。Aさん、どんな気持ちですか」

A「ほっとした。計算は苦手なので、間違ったら、格好悪いじゃないですか」

「Bさんは?」

B「すごく残念でした。自信あったから絶対クリアしようと思っていたから」

というように、大きく分けると「ほっとした」「残念だった」という二つのパターンに分かれます。

「ストレスへの気づき」の授業のねらい

「計算をしなければならない」という一つの刺激が、「ほっとした」「残念だった」という二つの評価に分かれたのです。「ほっとした」グループには、「嫌なことをさせられる」、嫌だという感情を起こさせ、「残念だった」というグループには、「やってやろう」という意欲をわかせたのです。

なお、子ども対象の場合は大きくこの二つに分かれますが、教員・大学生向けのファシリテーションでは、ほっとした、残念だったというほかに、「（計算を実際にやらないことは）わかっていました」という人たち（グループ）もいます。感情は刺激があって、その反応としての心の動きなので、刺激が弱いと感情としての動きが少ないことを説明します。

教員・大学生向けのファシリテーションではここ、もしくは、次項の「認知への理解」のあとに、「認知→行動→評価」のスパイラルが人間関係づくりの授業のコアであることをお話します。

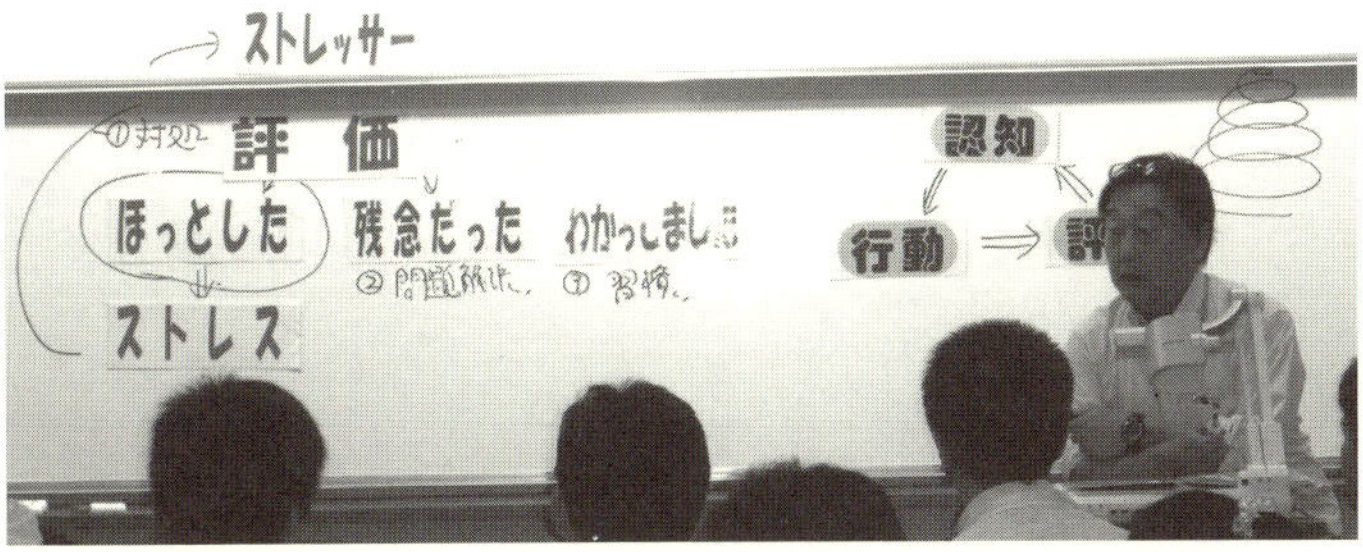

ストレスマネジメントの学習から枠組みを広げていく

さて「ほっとした」グループには、「計算をしなければならない」ことがストレス発生の原因（ストレッサー）となり、ストレスを発生させたことがわかります。

人間はストレッサーからの刺激を受けると、それに対する評価を下すシステムが存在します。評価の結果により、ストレスを発生させたり、意欲を高めたりします。「ほっとした」グループが、無理に計算をさせられた場合は、多かれ少なかれ、からだ・心・行動のいずれかにストレス反応となって表れてきます。

ストレス・マネジメントの学習を進めていくと、子どもたちはそれぞれの気づきから、自分の枠組みを広げていきます。「ムカついたときに、壁をけったり相手を殴ったりせんヤツおるの？」――こんな子どもも、授業の中で「気づき」、仲間と共有したときに、自らの行動を客観視し、自分を振り返ることができます。

「ムカついたら、暴力で表すものだ」というイラショナル・ビリーフ（不合理な思い込み）にとらわれている子どもも、自己の枠組みを広げることで、「じゃ、外に出てボールでもけって気分を紛らわそう」などと、好ましい対処の仕方に気づいていくのです。

「認知」への理解

サンテグジュペリはなぜ死んだか

二〇〇八年三月一七日、元ドイツ軍パイロット、ホルスト・リッペルトさん（当時八八歳）が第二次世界大戦中、連合軍の偵察任務でP38戦闘機を操縦中に消息を絶った童話『星の王子さま』の著者アントワーヌ・サンテグジュペリ（一九〇〇〜一九四四）について、同機を「撃墜した」とする証言をしたことが伝えられました。リッペルトさんは「あの操縦士が彼でなかったらとずっと願いつづけていた。彼の作品は小さいころだれもが読んで、みんな大好きだった」と語り、こう続けています。「もし、サンテグジュペリだと知っていたら絶対に撃たなかった」と。

私は、この報道にふれたとき、相手を知るという人間関係づくりの究極の対極に戦争があるのだと痛感しました。戦闘機にサンテグジュペリの名を大きく書けるはずはありません。一人の人間の名前や個性、功績を消し去ったうえで、戦争という人権侵害が成立するのです。とすれば、「人となりを知る」ネットワークを限りなく広げ、互いを尊重・尊敬できる関係をていねいに築いていけば、戦争という最大の人権侵害を防ぐことができるのではないでしょうか。

イラショナル・ビリーフというやっかいなもの

「人間関係づくり」における重要なキーワードに前述の「イラショナル・ビリーフ（irrational belief）」があります。直訳すれば「不合理な信念」ですが、簡単には「固定観念」。「ステレオタイプ」や「偏見」と差別の問題へと発展させてとらえることもできます。

人間が固定観念にとらわれると、自らに限界線を引き、それに縛られ、ものごとに対してネガティブな思考しかできなくなります。周りにいくら働きかけても生産的な結果を得ることができなかった経験を積み重ねてしまった人は、「どうせがんばっても」という固定観念にとらわれ、ポジティブな思考や行動がとれずに萎《い》縮した受身的な態度をとるようになります。

戦争時も同じです。

戦争を推進する人たちは、相手に対する誹謗《ひぼう》中傷を正当な考えとしてさまざまな手段を使って流布させます。敵方一人一人の人格や個性や感性やすばらしさなどのもろもろの良さを一瞬のうちにイラショナル・ビリーフで抹殺することができるのです。敵方の文学作品を愛し、作者を尊敬するなどということは、まず、封じ込められるのでしょう。

エクササイズ「これ、なあに？」――錯覚や思い込みに気づく

「これから四枚の写真をお見せします。みなさんには何に見えますか？」と言い、写真を一枚ずつ提示し、何に見えたかを何人かに言ってもらいます。

さて、あなたにはどう見えますか？

①

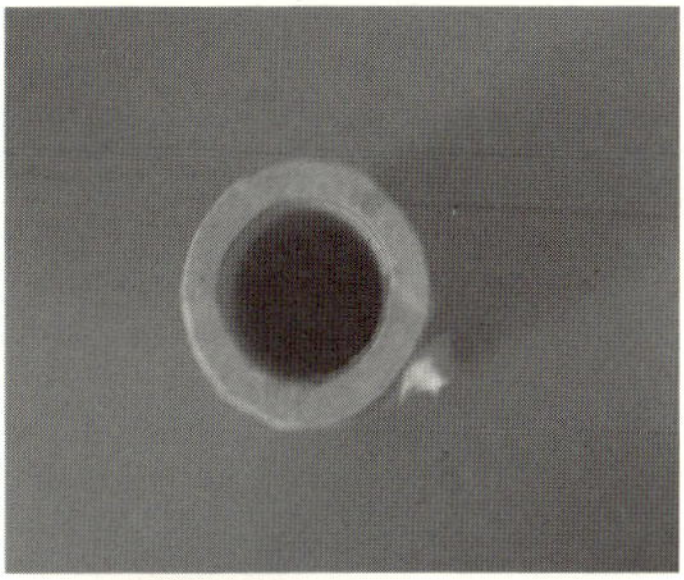

②

③

④

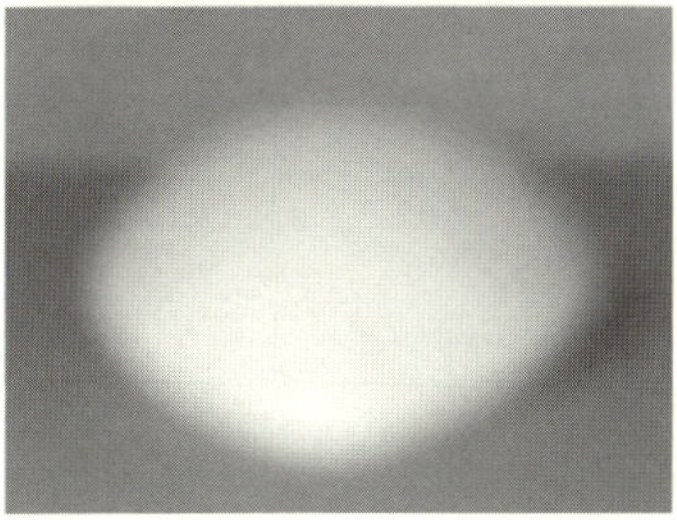

答え合わせをしましょう。

① 残り少ないトイレットペーパーをまっすぐに立てて上からとったものです。

これを、「下皿つきの白いカップにコーヒーが入っている」と答える人がいますが、「白・黒・丸い」という情報で判断し、第一印象が固定観念となり、ほんとうの姿が見えなくなってしまうのです。

② この有名な「だまし絵」では、ウサギに見える人とアヒルに見える人がいます。対象物への焦点のあて方が違えば、別のものに見えるのです。

③ この絵を見ると、横に引かれている線がまっすぐに水平・平行に引かれているとは感じないでしょう。

ところが、定規をあてて確かめると、横の線がすべて水平・平行に引かれていることが確認できます。つまり錯覚です（カフェウォール錯視）。

④ 「卵に見える」という人が多いと思いますが、これは、スーパーマーケットでもらった白いプラスチックのスプーンを机の端に置き、ふくらんでいる方向から真横にとったものです。

物を見る角度の違いによって別のものに見えるという例です。

イラショナル・ビリーフからの解放を！

人間は、往々にして思い込みや錯覚による間違いをおかします。特に思い込みは、子どもたちの発達を阻害してしまいます。

視覚的なことだけでも、人間はさまざまな誤りをおかしてしまうのです。こうした「誤り」が、学校において、子どもが自分自身に対して、または子どもどうしの間で起こると深刻な事態となります。イラショナル・ビリーフによるネガティブな思考や行動は、負のスパイラルとなって子どもを襲うのです。

私たち教員も、こうしたイラショナル・ビリーフをもちやすいことを私のファシリテーションで体験していただきます。

リフレーミング

思考の枠組みを変える「リフレーミング」

イラショナル・ビリーフから子どもを解放していくことは、学校での大きな課題です。その有効なスキルが「リフレーミング」です。フレーム（枠組み）をリセットする、つまり、思考の枠組みを変えてしまおうというものです。

松原第七中学校の人間関係づくりの授業では、リフレーミングを使った授業を三年生の二学期に展開します。進路選択の際の面接で自分をアピールするとき、自分の欠点にばかり目がいき、自信をもって自らを表現できずに萎縮している姿がよく見られます。例えば、「話すのが苦手」「あきらめが早い」など欠点と思われることも、リフレーミングによって「物静かで思慮深い」「くよくよしない」などの長所に変えることができます。ネガティブな思考をポジティブな思考に変換する意味を、子どもたちが感じることが大切なのです。これは、三年生も大詰めになった時期に、対処的な方法で決着をつけてしまおうというわけではありません。人間関係づくりの授業では一年生からのプログラムを通じてビルドアップを図るのです。

自分自身をポジティブに、かつ素直に表現していくためには、自分が何者であるかがわかっている必要があります。それを表す手段が枠組みです。「私は○○です」という問いを自分自身に投げかけつづければ、自分自身のなかの枠組みを浮かび上がらせることができます。

人と接したり、ものごとに対処したりするとき、自分の枠組みにあてはまることは受け入れることができますが、枠組みからはずれると、受け入れられないものです。

そのため、「人間関係づくりの授業」では、自己開示の授業として展開します。入学時の「わたしのジャガイモ」、新学年を迎えた際や班替えのつど取り組む「サイコロトーキング」「すごろくトーキング」「ルーレットトーキング」など、多彩な形態で授業を展開します。クラスの仲間と自己開示の授業を積み重ねることで、子どもたちは、いろいろな仲間の枠組みに接し、自分のなかに取り込んで、さらに枠組みを広げていくことができるのです。

自己開示の授業だけではなくグループアプローチによる授業を通じて、仲間のさまざまな「気づき」にふれることで、さらに自分自身の枠組みを広げていくことができます。総合的な学習などで出会う地域の大人たちの枠組みも、大人のモデルとして、自分自身の未来像の一つとして取り入れることができるのです。子ども自身が枠組みを広げていく一つの手段としてリフレーミングをとらえれば、自身の「気づき」として、子どもたちは抵抗なくリフレーミングを実行することができます。基本的なスキルの土台に、発展的なスキルが可能になるのです。

「すごろくトーキング」

教員・大学生対象の私のファシリテーションでは、最後に行うグループエクササイズで「すごろくトーキング」を行うことが多いです。子どもたちのモデルになる教員自身が自己開示の練習をするわけです。

すごろくトーキングで使用するシートは、地元ネタもいくつか含んだ○○市バージョンや○○大学バージョンになっています（写真は慶應義塾大学の研修会で使用したシート）。シートに書かれているお題は、コマが進んでいくにしたがって、すぐに答えられるもの（例：好きな食べ物は？　苦手だった教科は？）から、すぐに答えられないもの（例：初恋は？　悲しい出来事、これからの夢）へと深化します。

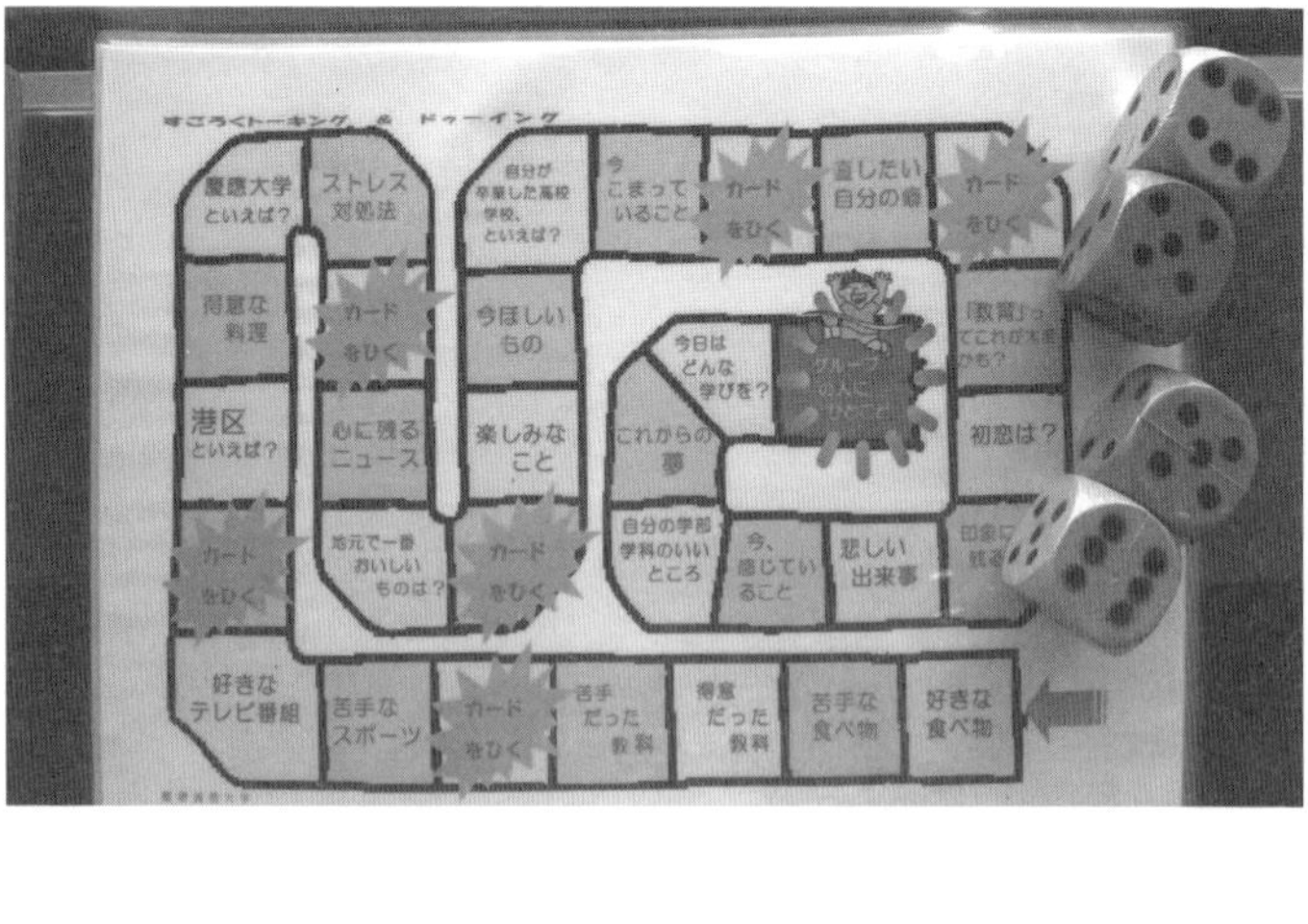

「すごろくトーキング」のねらい・配慮事項

認知力向上にかかわって、自己開示の授業は非常に効果があります。

教員・大学生対象の場合でも、子どもの場合と同様に、「言いたくないことは、言わないでパスしていただいて結構です」など、配慮事項とルールを確認してから行います。

振り返りの観点は、一つには、グループでの進行に積極的だったり、下支えをしたりというグループエクササイズにおける牽引《けんいん》や協力という観点からみえたことを話します。例えば、「このグループではこんな工夫をして面白いと思いました」「この人がこんなふうにグループを引っ張っていましたね」などと発表します。次に、介入（支援）しなければならないことが起こった場合に、ファシリテーターがどうしたかを全体化することが有効であると判断した場合は、そのことを話します。

最後にグループで盛り上がった話題などがあれば、共有化していきます。

グループ分けのためのじゃんけん列車

アサーション——主体的なあり様と依存的なあり様

アサーショントレーニング

アサーティブネスこそが、人間関係づくりの授業でめざす人間のあり様としてのゴールです。「主張的」といっても、主張が、相手の姿を想像できる力や、相手の気持ちに共感できる力を兼ね備えていなければ、アサーティブネスは成立しません。人間関係づくりの授業では、アサーティブネスを身につけるために、人間の自己概念から始まり、コミュニケーションの本質を学びながら、ロールプレイングへとつなげます。このスパイラルを三年間続けていくのです。子どもたちは、ロールプレイを見て、感じたことを出し合いながら、「では、どうすればよかったのか」を、考えていきます。望ましいあり方を見本として具現化した経験が、望ましい方向にいこうと努力する態度を生み出していくのです。

ここでは、NHKの大河ドラマ「篤姫」にみるアサーティブな姿と、アサーション劇の例二つを紹介します。アサーション劇は、私が出張ファシリテーションで行うときは、できるだけ研修を受ける方の中から私の相手役を出していただき、研修会の前に事前練習を行います。

依存的（攻撃的・受身的）なあり様から主体的（アサーティブ）なあり様へ

二〇〇八年、ＮＨＫの大河ドラマ「篤姫」が人気を博しました。ドラマの中で、篤姫の周りの人々は、篤姫の生き方に接することで、大きく成長し、明治維新の礎となっていったのです。

日本の教育にアサーションという手法が紹介されて久しいのですが、実は、このドラマで描かれていた篤姫は、非常にアサーティブなあり様を実践した人でした。困難に直面したとき、自らの気持ちや意志を大切にし、周りに流されることなく、相手の気持ちを想像しながら、信頼すべき人間関係を構築していったのです。

「篤姫（あつひめ）」とアサーション

（松原第七中学校三年生学年通信より）
―鹿児島への修学旅行に向けて―

二〇〇八年、鹿児島を舞台にしたＮＨＫの大河ドラマ「篤姫」が、人気を博しました。視聴率は平均二四％にものぼったそうです。なぜ、「篤姫」がこんなに人気が出たのでしょう。それは、松原第七中学校のＨＲＳとも大いに関係があります。「攻撃的」でなく、「受身的」でもない主張の方法、つまり「アサーション」をHRSを通じて学んできました。三年生のみなさんの中には、自分の気持ちを伝えたいときや、もめごとを解決するときに、アサーションを使っている人も少なくはないはずです。

このアサーションを使える力や感じ方をもっている人を「アサーティブな人」といいます。ドラマで描かれていた篤姫は「アサーティブな人」だったのです。こんな場面がありました。篤姫は十三代将軍徳川家定の妻でした。ところが家定は、病気で死んでしまいます。篤姫にそのことが知らされたのは一か月後のことでした。夫の死を聞いた篤姫は、家定の亡骸《なきがら》にすがりつき号泣します。そして、すぐさま家定の母である本寿院のところへ駆けつけるのです（実は、篤姫と本寿院とは家定の跡継ぎをめぐって争っていました）。

それを聞いた本寿院は「お前が毒を盛って殺したのであろう」と叫び、そばにあった花束で篤姫を何度も打ちたたきました。周りにいた人たちは、「おやめください、本寿院様」ととめに入るのですが……ここからが篤姫のアサーションです。

「とめるでない！ 私は家定の妻でありながら、一か月も家定の死を知らされませんでした。妻である私がこれだけ悲しいのに、実の母である母上様の気持ちを思えば、お知らせせずにはおられなかったのです」と。これを聞いた本寿院は泣きくずれたのでした。

相手の気持ちを想像し、自分の行動に生かしていくのがアサーションです。篤姫とかかわった人々は、篤姫のアサーティブな姿勢に打たれ、よりよい関係を築いていくだけでなく、大きく成長していったのです。人間の望ましい成長にはアサーションは欠かせないものなのです。

アサーション劇「クラブでもめごと起きちゃった」(四人によるモデリング)

教室にザワザワ、子どもたちが入ってきました。

「子どもたち」といっても、子ども役を演じる、体操服を着た教員(A、B、C、D)四人です。教員のアサーション劇「クラブでもめごと起きちゃった」の始まりです。

部活動で準備も何もしない一年生に腹を立てた三年生が、怒って一年生に詰め寄ります。とうとうCさんが泣き出してしまいました。

そこにE先生が現れて、四人の気持ちを聴いてくれました。

三年生がどういう気持ちで一年生に接しているのか。一年生は三年生の攻撃的な姿をどう感じていたのか……。

そして、アサーションの技法(DESC法)を伝えます。①「繰り返す」、②「共感する」、③「主張する」、④「選択する(代案の提示)」(※この技法にはさまざまなパターンがあります)の四段階です。

これを、三年生が実践してみると、一年生はそれに納得し、攻撃的にも、受身的にもならず、自主的に準備をすることにしたのです。

アサーション劇「宿題見せて」（二人によるモデリング）

「宿題を見せて」と言う友達に対して三パターンです。

1攻撃的なあり様「なんで見せなあかんねん。いやじゃ！見せたら損するやないか。だいたいやってないおまえが悪いんじゃ。ぼけ！」と。

2受け身的なあり様では、「ええっ、どうしよう」と言っている間に、宿題を奪い取られます。

3アサーティブなあり様（主体的なあり様）では、「ええっ、数学の宿題やってないんやな。それで見せてほしいんやな（①繰り返す）。……プロレス見て、やろうと思ってたけど寝てしもうてんな。プロレスって見てたら興奮するもんな（②共感する）。……見せてもいいけど、この宿題からテスト出すって先生言ってたやろ。いま見せたったらテスト点数とれへんで。自分でやり（③主張する）。……そうだ。数学は五時間目だから、休み時間と昼休みにやり方教えてあげるから一緒にやろうや（④選択する［代案の提示］）。

ファシリテーションへのフィードバック

ブログのコメント欄へのみなさんの書き込みが私自身の気づきになる

二〇一一年四月、私は中学校の教員の仕事を退職し、時間講師、学校応援団として現場にかかわりながら、教員へのファシリテーションと学校教育へのコーディネーションをなりわいにすることになりました。「あいあいネットワーク ｏｆ ＨＲＳ」は、まだまだ駆け出しであり、私自身、先輩たちから学んでいかなければならないことが山ほどあります。しかし、私自身の学びとして最も依拠しているものは、やはり現場です。

私は、「あいあいネットワーク ｏｆ ＨＲＳのホームページ（http://aiainet-hrs.jp/）」とともに、自分自身のブログ（http://aiai-net.blog.ocn.ne.jp/blog/）を開設しました。このブログには、毎回の研修会における参加者みなさんの気づきを、その場で、携帯電話やスマートフォンから直接ブログのコメント欄に書き込んでもらっています。なかには、疑問に感じたことや、質問などもいただき、私自身のフィードバックとしています。それにまた、私からフィードバックを返していくことで、私自身のさらなる気づきとなり、成長するチャンスを得ているのです。

Iさんからのフィードバック

二〇一〇年七月、文部科学省の不登校にかかわる協力者会議のメンバーである伊藤美奈子氏（前、慶應義塾大学教授）から、慶應義塾大学教職課程センター公開研究会に講師として招かれ、ファシリテーションを行いました。そこで慶應義塾大学通信課程に在籍していたIさんから受けたフィードバックが、私の人生の転機となりました。Iさんは、わが子へのいじめをからだを張って学校に訴え、いじめを終息させた人です。その経験から、自分の卒論にいじめを正面から取り上げ、研究の一環として、私のファシリテーションに参加されたのです。全文を紹介します。

大変有意義な時間を過ごせました。

深美先生のシミュレーションは参考になりました。つくづく教職課程での一つの科目として組み込めないものかと感じました。あと、私自身のなかで「教師は大変だ」という思いが払拭《ふっしょく》され、教職課程の学生さんたちと接する場をもって教職という道にも深い関心が生まれました。何より深美先生の言わんとするところの幅広い取組みに心打たれました。

1．個が主体性をもつということは、いままでの学校の評価システムのなかではなかなか発揮できないでいた。なぜなら学校という場では優劣をつけるという評価を行う場であるが故に、生徒は常に受け

身で、評価に依存して生活している。評価のうえでは優劣をつけるために観念が生まれ、公平で、平等な扱いであることがむずかしい。教師であっても主体性をもっていない場合は、公平なフィードバックをすることができない場合がある。主体性は自主的であると同時に、ときとして、「自我が強い」「自分勝手」と認知されることもあり、教師によっては扱いがむずかしいととられることもあり、「孤立している」ととられる場合がある。

依存性はいじめの温床になりやすく、慣れ合いや受身であるが攻撃性というものをもっている。受身と攻撃はつながりをもって依存をしている。相手をコントロールしようとすることは暴力でなくても攻撃であるとしている。依存という集団は、教師としては扱いやすいと認知されることもある。いじめの事件において、SH君の事件では主体的でありつづけることがむずかしくて依存的な集団の攻撃を受け、あるがままでいられない苦痛を「生きジゴクだ」と残している。いじめ理解はこれらの主体性と依存性に光を当てフィードバック（鏡を見せる）する教育を通して、いじめの連鎖を断つ機会をもたらすとしている。これをアサーティブという。

2. ワークショップでは、深美先生が、行動認知のありがちな数パターンをロールプレイングで演じる。それを通して見ている者にフィードバックしている。見るだけで、気づく機会を与えていると感じた。同じシチュエーションで数パターンのロールプレイングを見ることによって、人はどう感じるか、また問題はどのような結末をたどるのか見る者に認知させる助けになっている。

ロールプレイングはわかりやすく、日常に人がついやってしまう行動パターンが存在しているので気づきとしてみることによってフィードバック（鏡を見せる）されるのである。例えば教師として生徒にやってはいけない行動パターンや、相談されているときにとるべき対応（態度）まで細かく表現されているので、教師でなくても子を指導する立場の者には必要であると感じた。アサーティブな活動を通じて、不登校、いじめなどの悩み問題に解決の一途が見える例えは、子どもが学校で平等で公平な立場で遊んでいる、優劣をつけないでクラスメイトと遊んだりレクリエーションを積み重ねることによっても健全な人間関係を学ぶことである。それは教師を含め学校という人間関係すべてを含めてのことである。

実際にはすごろくトーキングなどを通して、相手を知ること。最初のうちは、あたりさわりのない（好きな食べ物は、など）ことを聞きだすすごろくトーキングがゴール間近では深い部分の心情部分（あなたの将来の夢は、初恋の思い出は、など）にもふれている点で、遊んでいる者は楽しみながら他者を徐々に知るという作業も行っているのである。

3．ワークショップは非常に短い時間であったが、実際にはわかりやすくいじめの見え方の違い、その見方のむずかしさを錯視画などを織り交ぜ、物の見方が角度の違いによって、違ってくるというような、知覚認知という心理学の要素で説明していた。

私がいままで研究で常にもっていたいじめの見え方のむずかしさという点では、説明がつくように感じた。集団のなかで個が主体的であろうとする教育を行うべき教師が、実は依存を生むような教育をしているというジレンマについて、アサーティブという動き、公平な優劣のない遊びを通してストレスなく人間関係を築くという枠組みに感銘を受けた。

疑問という点では、学校が教育という場であるうえで優劣をつけずに遊ぶコマを確保することがむずかしいのではと感じる。昔であれば教師と生徒が放課後遊んだり、授業をつぶして体を動かすという機会はあったが、いまの指導要領やコマ数ではむずかしいのではと感じる。小学校においては五年生はすでに六年生で習う授業を詰め込みでコマ数も増え、英語も必修科目となり、数年前と違い、勉強がむずかしくなっている。そうなると教師が休憩時間をつぶしてでもエクササイズを計画しなければならず、やはりこのような取組みは学校規模、自治体規模で行うのが望ましいのではと感じる。文部科学省は学力診断テストの前に、政策面としてこの取組みは行うべきであると感じた。

最後に、いじめっ子の説明において、攻撃的な行為は実はコピーイングといって以前受けた攻撃的な行為をコピーをした現象であって、いじめっ子は実はいじめられっ子でもある場合が多いという。学校でアサーティブな教育を通して自主的になった子でも、その外では攻撃的な被害を受けていることが多々あるということである。学校のみならずアサーティブの啓発は地道な家庭環境や社会環境からも必要になってくると思われる。一人一人が「人間関係づくりの授業」を通し、いじめと不登校という問題に目を向ける教育が、この深美先生のワークショップの実践を通して必要だと感じた。

私はこの文章を伊藤美奈子氏からメールでいただき、Iさん本人へ感謝のメールを送りました。私はこの文章を読み、これからどうするかを決断しました。最後の部分でIさんが書いてくれた「やはりこのような取組みは学校規模、自治体規模で行うのが望ましいのではと感じる。文部科学省は学力診断テストの前に、政策面としてこの取組みは行うべきであると感じた」というくだりです。教員を続けてもあと数年、文部科学省がガイダンスカリキュラムとして、政策化をするのに、いったい何年かかるのだろう。私は、松原第七中学校のようなすばらしい職場を得て、このような仕事の機会をいただいた。非力ではあるけれども、一石でも二石でも投じることができるのであれば、「私はこの道を進みたい！」と感じたのです。

ちなみに、Ｉさんの文中の「コピーイング」は、「コーピング（対処）」とのとらえ違いですが、実に上手に表現されたものだと感心しました。いじめる側に立った子どもは、自分が受けた攻撃性を「コピー」し、自分より弱い者に対して「コピー」した攻撃性を発揮するのです。

第6章

教員に求められる七つの力

——人間関係づくりの授業を成功に導くために

教員に求められる七つの力とは

人間関係づくりの授業での教員のあり様《よう》が、教科授業や生徒指導、不登校生などへの支援の領域へと徐々に広がっていきます。

第3章でも述べたように、人間の心の成長は、「認知」↓「行動」↓「評価」のスパイラルで成し遂げられます。これらの三つのコア（核）が一つでも固定観念などによって目詰まりすることなく、積み上げられていくことこそが人間の成長なのです。

生まれたときはだれもが絶対依存の状態にあり、周りの人間の保護と愛情と適切なフィードバックにより、依存的なあり様から主体的なあり様へと育っていきます。義務教育の九年間は、初めは空っぽである心を、中身のある心に育てていくという、成長するプロセスの九年間でなければなりません。

中身のある心は、人間としての自立を促し、自立する力を備え、自分自身をきちんと見つめ、将来の目標と目の前の課題をつくることができます。そして、自分の課題を達成できたか、客観的な評価ができるのです。自己肯定感や自尊感情、自己効力感、自己有用感などは、すべてこの「中身のある心」から出てくるあり様です。

教育現場で項目を教条的に教えてしまったならば、子どもはその項目を押しつけられ、「知識」

と「あり様」との間に乖離《かいり》を招いてしまうことになるのです。そうならないよう、教員は、子どもたちの心からわき出た感情や行動が心の中身へつながっていくように、フィードバックを返していくことが大切なのです。そんな教員のフィードバックが、子どもたちの自己効力感や自己肯定感へとつながっていくのです。

ですから、人間関係づくりの授業では、子どもたちのつぶやきや、ちょっとした行動や行為を注視しながら進めていきます。

そのために、次の七つの具体的な力が必要になってきます（この並び順は、主として授業を行っていくうえでの時系列になっています）。順番にみていきましょう。

①子どもたちをホールドする力
②子どもたちどうしの関係性とルールをつくる力
③子どもたちに気づきを引き起こす力
④子どもたちの気づきに気づく力
⑤子どもたちへ介入（支援）する力
⑥子どもたちのなかで起こったことを取り上げる力
⑦授業でビルドアップされた気づきを大切にする力

①子どもたちをホールドする力

最も重要な教員の力

人間関係づくりの授業では、すべての子どもが、自分のあり様を出発点として、授業に参加しています。主体的な姿であれ、依存的な姿であれ、教員は子どものあり様を受けとめ、子どもたちに返していく（フィードバックする）必要があります。そのためには、子ども一人一人を受けとめつつ、全員を包み込んでいく（子どもをホールドする）ことが大切になってきます。「子どもをホールドする」の項目を最初に掲げているのは、授業中一貫してもっておかなければならない最も重要な教員の力という意味があるからです。一時間の授業の始まりから終わりまで、貫徹されなければならない概念なのです。

子どもをホールド（hold）するとは、「子ども（の心）をつかむ」「子どもを抱きしめる（ように受けとめて、フィードバックを返す）」ことを表します。この力は、以下に掲げる六つの力を発揮した結果、教員の中に備わっていく力であるといえます。六つの力を授業で発揮していくことを通じて、子どもたち一人一人が「自分は大切にされている」と感じるのです。

子どもの心を開き、人間としての力を発揮させていく

「自分は大切にされている」と感じることができれば、子どもたちは自然に自分自身を開いていき、自分のことを素直に表現し、考えを主張することができるようになってきます。

子どもたち一人一人が、自分のことを素直に表現することができるようになれば、互いに「いろいろな人がいるんだなあ」と多様性を受け入れる素地が出来上がってきます。

自分の考えを素直に主張することができれば、相手と折り合いをつけていこうとする力がわき出てくるのです。

しかし、子どもの変化はまちまちで、一回の授業で心を開いていくものではありません。教員のこの姿が、子どもたちへのモデルとなり、一人が二人に、二人が四人に、四人が八人へという広がり方をしていきます。そして、最後にはすべての子どもたちが、心を開くことへのハードルを越えていくのです。

すべての子どもたちに、このあり様を実現できるのは教員だけです。

「子どもをホールドする」ことは、子どもの心を開き、人間としての力を発揮させていくことであり、子どもに押しつけたり、コントロールするものとは無縁なのです。

②子どもたちどうしの関係性とルールをつくる力

人間関係づくりの授業は、仮想空間であり現実空間でもある

人間関係づくりの授業は、他教科と比べると、「根本的に人間のあり様を問題にしている」という意味で、すべての教科の根幹にあたる部分を扱うことになり、教育課程のなかのラインナップで見ると「特別なもの」であるといえます。いっぽうで、日常の日課のなかに組み込まれた授業であるという側面ももっています。つまり、学級の雰囲気や子どもどうしの関係性、子どもと教員の関係性をそのまま反映している「一般的な」授業でもあるのです。

例えば、ほとんどの授業で、集中できずに私語の多い学級の場合、人間関係づくりの授業でも集中できずに、私語の多い姿を表すでしょう。また、休み時間に子どもたちどうしのトラブルがあった場合、人間関係づくりの授業の冒頭で、険しい顔をしたまま参加している子どもがいたり、授業の最中にけんかを始める子どもも出てくるかもしれません。人間関係づくりの授業は、現実から離れた仮想空間であるとともに、日常の問題を反映した現実空間でもあるため、ここに「子どもたちどうしの関係性とルールをつくる」必要性が出てきます。

互いを受けとめ合い、安心して自分を出せるルールづくりと場づくりが必要

人間関係づくりの授業という自己開示を要する授業に、安心して自分の心を開いて参加するためには、互いを受けとめ合える関係性と、安心して自分自身を出せるルールづくりが必要になります。「ルールづくり」は、初めからつくりあげるというより、「人を傷つけることを言わない」「人の話は最後まで聞く」など、それまであった学級のルールを再確認するのです。学級の状態によっては、仕切り直す、つまり再構築する必要がある場合もあるでしょう。

子どもたちが心地よい自己開示をするためには、ルールづくりとともに「場づくり」が必要になります。子どもたちの日常生活をそのままもち込むのではなく、日常生活からエッセンスを引き出せるように、「場」をつくっていくのです。

授業の初めに行うウォーミングアップやアイスブレーキングなどは、日常生活と人間関係づくりの授業を分別し、人間関係づくりの授業の世界へと導いていくために、非常に重要な入り口になっています。同時に、子どもどうしの関係と子どもと教員の関係も、安心して自己開示ができる雰囲気へと変換されます。そのために教員は、テンションを上げて臨むこともあるでしょうし、ロールプレイングの役柄になりきり、大胆かつ繊細に演じることも必要でしょう。場を盛り上げるために、衣装やグッズを準備しなければならないこともあります。

「指導上の困難がある」学校こそ、人間関係づくりの授業を組織的に

「指導上の困難がある学校や学級で実施できるでしょうか」と聞かれることがよくあります。この質問への答えは、「場合によってはできますが、場合によっては非常に危険なものとなるでしょう」になります。子どもたちを人間関係づくりの授業の世界に引き込むことができれば可能ですが、そうでなければ不可能ということなのです。

一般的には「指導上の困難がある」学校や学級では、力による人間関係が支配しているケースが多いものです。人間関係づくりの授業の基本は、最低限、一人一人の関係性が対等・平等であることが大切です。そうでなければ、授業の中で、自己開示に対する攻撃により心的外傷を受けるケースが頻発しますし、攻撃を恐れて自己に閉じこもるという選択をしてしまうからです。

しかし、仮に「指導上の困難がある」学校であっても、教員が一致団結し、学校として取り組むことができれば、実施は可能なのです。というより、「指導上の困難がある」学校であるからこそ、人間関係づくりの授業を組織的に行う必要があるのです。

もし教員の個人的な取組みで終わってしまえば、授業の系統性や継続性を持続させることは不可能です。三年計画くらいで、実践を積み重ね、プログラムや教材に検討を加えながら修正していくことで、その学校や学年に合ったものになってくるのです。一年めはしんどい思いをするかもしれません

が、人間関係づくりの授業を実施することで、子どもや教員のかかわりを再構築していくことができれば、二年め、三年めと目に見えて成果が表れてくるのではないかと思います。人間関係づくりの授業の実施を通じて、学校におけるすべての人関関係を再構築することで、徐々に「指導上の困難」が収まってくるのです。

それはなぜかといえば、相手を攻撃したり、過度に受身になってしまう人間のあり様は、人間の心が満たされていなかったり、成長していないことから表れてくるあり様だからです。この攻撃的・受身的という依存的なあり様を、人間関係づくりの授業の実施を通して、主体的なあり様へと成長させていくのです。

自己開示できる安心した人間関係と、周りの子どもたちや教員から返ってくるフィードバックにより、子どもたちの心が少しずつ成長していく。この第一歩が、「子どもどうしの関係性とルールをつくる」ということなのです。

③子どもたちに気づきを引き起こす力

気づきは成長のプロセスの始まりの一撃

授業の中に組み込んださまざまな「しかけ」により、子どもたちはいまの自分の行動やあり様に気づいていきます。周りの仲間の行動やあり様や周りから返ってくるフィードバックにより、気づきは深まり、子どもたちの成長のきっかけとなっていくのです。人間関係づくりの授業は、このような気づきを引き起こすことのできる授業である必要があります。

ウォーミングアップやアイスブレーキングを経て、いよいよ、授業の本題へと入っていきます。授業の初めのインストラクションで、ねらいを共有したり、授業の手順やルールを子どもたちに提示していくのですが、授業がうまくいくかいかないかは、子どもたちにさまざまな気づきや深い気づきをいかに起こさせていくかということにかかってきます。

子どもたちの気づきを自分自身で言語化し、周りと気づきを共有していく過程を通じて、自分のなかに認知として生まれ変わっていくのです。認知は行動の源であり、評価の軸になるもの。気づきは人間の成長のプロセスにおいて、欠かすことのできない始まりの一撃なのです。

刺激を与えることで、生まれた感情をつかみ、確認するスペースをとる

この「気づき」を教員の保護下のもとに、授業のなかで引き起こさせます。

例えば、ストレスマネジメントの授業のときでは、百マス計算など、困難な課題を与えて、子どもたちにプレッシャーをかけ、ストレスを生じさせます。

人間関係づくりの授業の一つの原則として、子どもへの課題はユニバーサルデザインに基づいたもの（子どもが現在もっている力によって、大きく差を広げるものであってはいけない）でなければならないので、実際には子どもたちが課題に取りかかる寸前でとめます。そうやって引き起こしたストレスの表れ方の違い（感情の違い）から気づきを導いていくのです。すると、「（課題を）やらないんだ」と知り、子どもたちの心のなかに、「（やらなくて）ホッとした」「（やらなくて）残念だった」というように、感情が大きく二つに分かれることに気づきます。

実は、人は心のなかで起こった感情を、その時点では、逐一確認したり自覚したりしていないのです。人間は、刺激↓感情↓行動というプロセスで刺激に対する反応を表しますが、刺激と行動間にある感情に対処するスペースがあるかないかで、次の行動が違ってくるのです。

刺激によって生まれた感情を自覚し、確認するスペース（時間が長い・短いではなく、意識しているスペースがあるかないかという概念）をしっかりとることが大事になってきます。

人間関係づくりの授業のすべてが「気づきベース」

子どもたちに刺激を与え、そこから生まれた感情をつかみ、確認する訓練を行うことで、子どもたちは、刺激と行動の間にスペースをつくらないと、感情的な行動をとってしまう自分に気づいていきます。同時に、感情を言語化して客観化することで、「恥ずかしいことはなくて、この感情を生み出しているのが自分自身なのだ」と、自分の感情を自身の姿として、客観的に受け入れることができるようになっていくのです。このプロセスはすべて気づきからスタートしています。気づきがなければ、行為自体を好ましいものに変容させることはできません。

同様に、ソーシャルスキルトレーニングや、アサーショントレーニングなどで行うロールプレイングでも、気づきを大切にしながら、認知→行動→評価という成長のプロセスに子どもたちをのせていくことになります。自己信頼の力を養っていくトーキング系のエクササイズでも、自己概念を広げていくということの源には「ああ、そうなんだ」という気づきがベースになってきます。人間関係づくりの授業のすべてが「気づきベース」でつくられているのです。

子どもたちに「気づき」を起こさせるために、アイスブレーキングを含めた場づくりの段階からメインエクササイズにいたるまで、さまざまなしかけを授業の中に散りばめていくのです。子どもたちに気づきを起こすことができない授業は、人間関係の授業であるとはいえません。

④子どもたちの気づきに気づく力

「気づきに気づくこと」は、最も教員の力量が問われる

さまざまなしかけを組み込んだ授業を通して、子どもたちのなかで起こっていることに対して、教員は全神経を集中させなければなりません。子どもたちのなかに起こっている出来事こそが、それぞれのあり様を表しているからです。子どもたちの一つ一つの行為や言葉や感情に敏感になることで、子どもたちの気づきを感じ取れることが必要なのです。

実は、「教員に求められる力」は、ある程度、授業の指導案やプログラムがしっかりしていれば、授業の台本としての部分でかなりフォローができます。指導案やプログラムがしっかりしていれば、気づきを引き起こさせることは、教員にとって案外ハードルが低いといえます。しかし、子どもたちの気づきに教員自身が気づかなければ、子どもたちレベルのフィードバックの返し合いにとどまり、せっかくの成長のチャンスを生かすことができなくなります。

つまり、教員が子どもの気づきに気づくということは、人間関係づくりの授業を実施するうえで、最も力量が問われるところであるといえるのです。

「つぶやき」によって、ねらいどおりではない気づきにも気づく

子どもたちの気づきは、ねらいどおりに起こることが多いのですが、ねらい以上の、あるいはねらいからはずれた気づきが起こることがままあります。これに教員自身が気づくことが、人間関係づくりの授業では重要になってくるのです。教員が子どもの気づきに気づくには、指導案上に表されている発問に対する返答や、振り返りやシェアリングがおもな機会になるのですが、もう一つ、子どもたちのつぶやきなどから得るところが大きいといえます。つぶやきとは、疑問に感じたり、心のなかにストーンと落ちたことが思わず言葉となって表れてくるものです。仲間や教員に、つぶやくように質問したり同意を求めたりする場合もあります。体裁・打算・損得からかけ離れた、子どもたちの心からわき出てくるものがつぶやきなのです。

このような子どもたちの心から出てくる宝のような表れを、可能なかぎりキャッチし、ホールドするのです。表れに対して、教員がフィードバックを返しますが、直接返すこともあれば、少し声を大きくして全体に返したり、完全に全体の動きをとめて全体に返したり、それをシェアリングまでとっておいて、最後に返すことが効果的な場合もあります。ほかの子どもを通して間接的に返す場合もあります。つまり、教員が子どもの気づきに気づくということは、何らかのフィードバックとセットであると理解していただけばわかりやすいと思います。

⑤子どもたちへ介入（支援）する力

人間関係づくりの授業の場は、成長する場である半面、非常に危険な場

子どもたちの活動がルールに基づいたものになっているか、あるいは、子どもたちの活動が対等・平等の精神に反していないかに対して、教員は適切な介入（支援）を行わなければなりません。いっぽうで、子どもたちの気づきを促進させていくような言葉かけや、問題提起を適切に行っていく積極的な介入（支援）もさらに必要になってきます。

子どもたちへ介入（支援）することのいちばんの意味は、子どもたちに安心・安全な場を保証するということにあります。人間関係づくりの授業における子どもたちの表れは、子どもたちの自己開示に基づいた、子どもたちのありのままの姿です。これは、「ありのままの姿でOKですよ」という場を教員がつくり出すことによって保証されます。

ありのままの姿から生み出される子どもたちの発言や行動が、気づきのベースになっていくのです。であれば、人間関係づくりの授業の場は、子どもたちが成長する場であると同時に、半面、非常に危険な場でもあることを、教員はしっかりと理解をしておく必要があります。

子どものあり様をそのまま受け入れることが大切

攻撃的な子どもは攻撃的に、受身的な子どもは受身的に、アサーティブな子どもはアサーティブに、ありのままの姿で表れます。教員はその子どものあり様をそのまま受け入れることから始まります。教員にとってここが最も大変なところですし、最も重要なところでもあります。

「攻撃的な子どもをありのまま受け入れる」ことを、むずかしいと感じる人もいると思います。「そんなこと言ったらあかん！」と、返すのも一つのフィードバックです。もちろん状況によりますが、緊急を要しない場合の介入（支援）では、否定形で返さないのが原則です。例えば、「そういう言い方するの、先生、ちょっと嫌やわ。例えば、こういう言い方できへん？」などと教員が自分自身の心のメッセージとして伝える方法もあるでしょう。

受身的な子どもへの対応の例もあげてみましょう。人間関係の悩みで教員に相談にきた場合、私はまず、相談にきたという行動に対して、「先生に相談にきてることだけですごいね」と客観的な状態を返します。そのうえで、「（人間関係のトラブルのある）Aさんには、こう話したほうがいいと思うけれど、ちょっとしんどいかな？　できるかな？」などと言って、本人に決断をゆだねます。「～しなさい」「～してはいけない」という命令形・否定形でのフィードバックは行いません。

机間巡視——一回目はルールの浸透を、二回目以降は作業の進展ぐあいをみる

人間関係づくりの授業を通して得られるすぐれた要素は、人間としての心地よさや人間に対する魅力に気づくことができることです。

人間関係づくりの授業の中には、必ず参加体験型のエクササイズ（ワークショップ）が組込まれています。個人で取り組むパーソナルエクササイズもあれば、グループや班で取り組むグループエクササイズもあります。授業のねらいやルールは、インストラクションという形で子どもたちに伝えていくのですが、細心の注意を払ってインストラクションを進めていても、子ども一人一人のレディネスや枠組みの違いにより、教員の意図がしっかりと伝わっていないケースが多々生まれてきます。

グループエクササイズの場合は、班の仲間からの働きかけにより、カバーできることもありますが、パーソナルエクササイズの場合は、子どもの作業自体が別の方向へ行ってしまっている場合もあります。そういうこともあり、子どもたちがエクササイズに入ってからは、二回以上の机間巡視が必要になってきます。

一回目の机間巡視は、ルールがちゃんと浸透しているか、子どもたちがエクササイズに入り込んでいるかを確認し、そうなっていなければ、すぐに介入（支援）を行います。

ルールを理解していない場合、ダイレクトに指摘する場合もありますが、間接的に促す場合もあります。例えば、一人違う作業をしている子どもがいたら、あえて隣の子どもに「すごいね、ここまでできたの？」などと、話しかけるのです。すると、こちらが何も言わずともその子が本来あるべき流れに戻ってくることがあります。集中できない子どもは、見方を変えれば、いろいろなことに注意が向く子どもなのです。教員の視点の変え方が重要になります。

つまり、子どもの活動を子ども自身が行うことを尊重するのです。「何してるの？」「なぜやらないの？」と直に言ってしまうと、その子の自尊心を傷つけたり、その場にいるその子の姿勢を矯正してしまうことになってしまいます。自分が活動に入っていないことを子どもに気づいてもらったほうが、子ども自身の気づきへのプロセスになっていくと考えます。

二回目以降の机間巡視は、作業の進展ぐあいを確認し、子どもの気づきを拾い上げるために行います。学級全体の気づきを深めることができるかどうかは、この机間巡視にかかってきます。日常生活のなかで見えなかった部分や、教員も驚くほどの独創的な想像、仲間に対する気づかいや、仲間をまとめていこうという行動など、エクササイズのなかは気づきの宝庫です。そのとき一つ一つに声をかけてもいいのですが、うなずいたり、肯定の気持ちを「へー、そうなんや」などと言葉で表したり、子どもと目を合わせるだけでも、指導者としての受けとめを果たしています。教員の数々の気づきが、振り返りやシェアリングで生きてくるのです。

⑥子どもたちのなかで起こったことを取り上げる力

子どもの気づきをすべて肯定的に受けとめる

いよいよ、授業も終盤の「振り返り&シェアリング」に入っていきます。

授業のねらいに応じた出来事が、子どもたちのなかで個々の単位やグループの単位で発生します。教員はその一つ一つを心にとめ、それぞれの出来事の本質を見極めながら、全体の場で取り上げていきます。子どもたちによる振り返りにより言語化された気づきや授業中に起こった出来事をトータルして、子どもたち総体の気づきとしてビルドアップしていくのです。

教員は授業のねらいに引っ張られ、固定観念となった予定調和的な取り上げ方や、違う方向へ引っ張っていくミスリードに陥ってはいけません。陥りやすいのが、「今日のすごろくは有意義でしたね。みんなこれから語り合いなさい」といった、最後に説諭というパターンです。

子どもたちのなかで起こったことが認知として降りてくるので、この部分が授業の中で最重要になります。「降りてくる」という表現に違和感を覚えるかもしれませんが、子ども一人一人が、自分の気づきを表現していくことで、学級集団のもとに一つのものがふわあっと表れてくるのです。私の感覚でいうと、教室という空間に、子どもたちの気づきの総体が降臨してくるというイメージなのです。気づきはねらいにそったものであってもなくても、あまり関係はありません。むしろ、教員がねらいとして想定できていなかったものが表れたほうが、深い学びにつながることもあるくらいです。

出現した気づきの総体に対して、子どもたちはそれぞれの認知を下していきます。このプロセスが、「認知↓行動↓評価」のスパイラルとなって、次の「行動」へと引き継がれていくのです。次の「行動」とは、子どもたちの日常生活へつながることであり、次の人間関係づくりの授業へつながっていくことでもあるのです。

つまり、ここで教員がもたなければいけない姿勢とは、子どもの気づきをすべて肯定的に受けとめるということなのです。しかし現実問題として、このことが教員にとってかなりむずかしいということがわかっていただけるでしょうか。

教員は、常に目標とねらいというゴールに縛られています。それを達成するためのルールを子どもたちに守らせることが責務であるように思い込んでいることでしょう。これは、一面正しいことではあるのですが、実は大きな弊害を生み出しているのです。それは、「目標とねらいにそったものだけが答えである」という固定観念です。指導案に定められたねらいにそって、「子どもたちを導いていかなければならない」という間違った義務感なのです。

「目標とねらいにそったものだけが答えである」という固定観念の打破を

子どもたちの気づきに対して、それがねらいにそったものであれば、「そうやねぇ、よく気づきましたね」と満面の笑みで答えるのですが、ねらいからはずれたと感じた気づきや、想定外の気づきに対しては、「えっ」とか「そんなことはないでしょう」、そこまでいかなくても「はい、はい」と軽く流してしまいます。

このような雰囲気に支配された教室の中で子どもたちは、「先生は、どんな答えを望んでいるのだろう」と教員の顔色をうかがい、自分の気づきに正直になれず、間違っていると感じた気づきを無意識のうちに自分のなかから消し去ってしまうのです。

このような状態は、教員のモデル性が高い小学校の低学年くらいでは、ある程度必要かもしれません。しかし、それでもある程度というレベルです。一人一人の子どもの気づきは、一人一人の姿やあり様を反映したものです。教員は、その一人一人の姿やあり様を理解することから始めるべきなのです。

子どもたちの気づきを肯定的に受けとめることは、教員の一瞬の行動で表すことができます。手間がかかったり大変なことではありません。要はできるか、できないかなのです。教員が子どもの存在を大切にしているなら、必ずできることなのです。

⑦授業でビルドアップされた気づきを大切にする力

シートに記された気づきは、授業ごとに積み上げられる財産

一つ一つの授業を通して積み上げられた気づきを、子どもたちに日常的にフィードバックさせるために、掲示物などで可視化したり、通信などで発信したりしていきます。このことにより、好ましいあり様を子どもたちのなかに無意識的に意識化し、規範化させていくのです。

振り返り&シェアリングで授業は終了するのですが、「振り返りシート」に書き記された子どもたちの気づきは、一つ一つの授業ごとに積み上げられる財産です。

学校のルールやきまりはあるのがあたりまえですが、既存のルールやきまりは子どもたちのなかからわき出たものではなく、子どもたちには「与えられた」ものです。一方、人間関係づくりの授業によって積み上げられた気づきのなかには、好ましいと感じられる規範的なことが多く含まれています。

「相手の目を見て話をするって、すごく大切だと感じた」「アサーションはむずかしいけど、普段の生活のなかで使えるようになりたいと思った」などなど。ソーシャルスキルに関する部

分から、人間関係をつくっていく力にいたるまで、トータル的に気づきが拾い上げられ、子どもたちの内側からの規範醸成という形で出来上がってくるのです。自己肯定感や自己効力感は、人間の内側から育っていきます。つまり、小さな心が大きな心へと育っていくプロセスであるといえるのです。

教員は往々にして、子どもを操作するためのツールを使いたがる傾向にあります。学習したり確認した事柄を、子どもの指導に使ってみたいという性《さが》のようなものをもっています。それで、子どもどうしでトラブルがあったりすると、「人間関係づくりで何を学んできたんだ!」と叱責してしまうのです。こうなってしまうと、それまで積み上げてきた子どもの気づきによる規範が、音もなく知らないうちにくずれていきます。規範については、教員が考えるものと子どもが考えるものに、ほとんど違いはありません。しかし、教員がトップダウンで降ろすものと、子どもたち自らが下から積み上げていったものとでは、規範の形成の過程が異なり、その強固さが違うのです。もっとも、そのようなあり様の教員のもとでは、子どもどうしのなかの規範化はむずかしいのですが……。

「何を学んできたんだ」と言わなくても支援はできます。できるはずだ、と思っていること自体が思い込みなのです。「こういう力をつけてあげていなかったんだな」と、教員側の反省として受けとめるべきであり、要は教員側の問題なのです。

人間関係づくりの授業を通じて規範意識を醸成することができる

コミュニケーション不足が叫ばれ、いじめや不登校などの事例が深刻化していくなかで、学校の教科でいえば、「道徳の時間」の中身が重要視されてきています。「道徳の時間」で取り扱われる内容は、内容項目、または価値項目といわれ、文部科学省学習指導要領に明記されています。中学校においては、二四の内容項目が定められていますが、人間関係学科の実施を通じて、控えめに見ても、一四項目（「強い意志」「自主・自律」「理想の実現」「個性の伸長」「礼儀」「思いやり」「信頼」「自他の尊重」「感謝」「権利と義務」「公正・公平」「役割と責任」「家族愛」「愛校心」）に関する内容の規範意識を醸成することができます。しかも、他の一〇項目についても間接的には大いに関係があるのです。直接的、間接的という表現はあまりふさわしくないのですが、本来的に、これらの規範意識の源は一つだということなのです。つまり、「主体的なあり様の人は、強い意志をもっている」「主体的な人は理想を実現しようとする」「主体的な人は他人を信頼することができる」「主体的な人は公正・公平の心をもっている」などなど、ということなのです。

つまり、人間関係学科によって育てられる主体的なあり様の人たちは、後追い認知のための、確認作業だけで、醸成された規範意識を認識することができるのです。

子どもたちのなかで出来上がってきた規範が関係性を強める

このようにして、子どもたちのなかで出来上がってきた規範は、子どもどうしの関係性を強め、互いの相互批判により切磋琢磨し、取組みへの相乗効果を発揮していくことになります。もちろん、不登校への道を歩んでいる仲間には、適切な言葉かけや支援を行い、いじめなどが起こりそうになれば、当事者に適切なフィードバックを返して、いじめの進行を抑制します。仮に、自分たちの手に負えないと判断したときには、教員に対して助けを求めてきます。自分や自分たちの周辺で起こっていることに対して、人の責任にしてしまったり、傍観者として表れるのではなく、自分の問題として責任をもって行動をとろうとするのです。

そして、自分や仲間の将来をも考え、自分の生き方と生きがいを統一して考えることができる人へと成長していきます。まさに、人間関係づくりの授業での学びの醍醐味はここにあるといってもいいでしょう。

教員は、きわだった特技を必要としませんし、スーパースターでなくてもいいのです。教員が自分自身の成長のプロセスを、子どもの成長のプロセスとリンクさせ、子どもに対して適切な支援ができればいいのです。

最後の「教員の資質」の項目でさらに深めていきましょう。

教員に求められる資質とは

1 開かれた人間であること

この項では、教員が求められる力を発揮し、子どもたちへの支援を可能にする「教員の資質」についてみていきましょう。まず、一つめは、「開かれた人間であること」です。

「マネージャーにできなければならないことは、そのほとんどが教わらなくても学ぶことができる。しかし、学ぶことのできない資質、後天的に獲得することのできない資質、始めから身につけていなければならない資質が、一つだけある。才能ではない。真摯《し》さである。」（『エッセンシャル版　マネジメント　基本と原則』P．F．ドラッカー　ダイヤモンド社）これは、マネジメントの神様と呼ばれているドラッカーの言葉です。この言葉は、二〇一一年にかけて約二七〇万部のベストセラーとなった『もし高校野球の女子マネージャーがドラッカーの「マネジメント」を読んだら』（岩崎夏海著　ダイヤモンド社）の冒頭の章で紹介されて多くの人が知ることになりました。実は、この言葉に、一つめのキーワードが含まれているのです。ドラッカーは言います。マネジメントを実行することができる人の資質とは「真摯さ」であると。「真挚さ」とは、いったい何なのでしょうか。「素直さ」「正直さ」「まじめさ」「熱心さ」などさまざまな説明の言葉をあてはめることができるのですが、本質的には人間のあり様を表しているのではないでしょうか。それが実は「開かれた人間である」というあり様なのです。

主人公、川島みなみは東京都立程久保高校三年生。病に倒れた親友で幼なじみの宮田夕紀に頼まれ野球部のマネージャーを務めることになりました。みなみは、マネージャーのことを理解しようと、書店の店員に薦められるままにドラッカーの『エッセンシャル版　マネジメント基本と原則』を購入します。しかし、一般的なマネージャーと部活のマネージャーとを取り違えてしまったと思って、放り投げた本から見えたページに「真摯さ」という言葉を発見したのです。弱小チームであった程久保高校野球部は、さまざまな問題を抱えていました。みなみと夕紀はともにチームの一人一人から話を聴き出すことから始めました。この作業が実はマーケティングと呼ばれるものであったのです。「真摯さ」に支えられたマーケティングは確かなものとなっていきました。部員にも監督にもイノベーションが起こったのです。「真摯に！　ひたむきに！」という言葉を合い言葉に、チームは他のクラブや地域との連携を打ち出していきます。相乗効果が表れてきたのです。そんな弱小だったチームは、マネジメントのおかげで甲子園への切符を手にすることができました。

だれもが開かれた人間、主体的なあり様へと成長していける

開かれた人間とは、「認知→行動→評価」という成長のプロセスを実行している人であり、自分の人間としての枠組みを、他者からのフィードバックを通じて、広げていこうとする人のことです。固定観念や思い込みや被害者意識などのマイナス要因により、成長のプロセスがストップし、他者（特に自分とは異質な人たち）を受け入れることができない人の対極にあるあり様なのです。

開かれた人間の姿とは、真摯に、ひたむきに、自分の成長のプロセスの道を歩みながら、他者の存在を受け入れることにより、自分の力へと還元してふくらんでいく姿なのです。「子どもの気づきに気づく」の項目でふれたように、ねらいに縛られないやわらかい発想と、自分の枠組みの外に投げられた「ボールになるボール」をも受けとめようとする姿勢を備えた人なのです。そうした人なら一度はボールを受け損ねても、次には受けとめることができるでしょう。

いっぽう、「閉じられた人間」とは、一つの発想や概念にとらわれ自分のストライクゾーンに入ったボールしか受けとめることができません。はずれてしまったボールを投げた人を恨んで攻撃したり、外に投げられたボールの存在を自分の概念のなかで、抹殺したりしようとします。

この両者の差は、感じる以上に拡大していきます。一〇年かかっても成長しない人と、一〇年かけて成長してきた人との差は、時間が経ていくごとに開いていくのはあたりまえのことです。

このように、私はドラッカーに示唆的な言葉をもらったのですが、ドラッカーも考え違いをしている部分があるように思いました。それは、「真摯さ」というあり様を「後天的には獲得することのできない資質」と規定しているところです。

「認知→行動→評価」の成長のプロセスに乗り、しっかりと自己を認知することさえできれば、だれもが「真摯さ」を得ることができると思うのです。基本的に年齢は関係ありません。ただ、周りの人たちのモデル性により、その状況は異なってきます。周りにいる人たちが閉じられた人ばかりであれば、かなり高い確率で、その人は閉じられた人になってしまいます。

しかし、周りに開かれた人が一人でもいるなら、その人は開かれた人になれる可能性が残されていることになります。身のまわりに開かれた人がいることがベストですが、じかに接していなくても、モデル性は薄まりますが、書籍や映画を通じてという出会いでも可能なのです。

そして、いったん開かれた人になることができれば、努力を怠らないかぎり、閉じられた人に転落してしまうことはありません。ここに、教員が開かれた人であるべき意義があるのです。

人間は絶対的な依存状態から、主体的なあり様へと成長していく可能性をだれもが備えています。それは、人間にしか与えられなかった、大脳新皮質の働きというものがなせる技なのです。

ほんとうの人間らしさとは、開かれた人間になることから追求していくことができるのです。

2 アサーティブなあり様であること

人間の成長は、次の段階へ進んでいきます。

開かれた人間は、多様性を認め、受け入れることができるのです。それによって、自分自身の人間としての枠組みを広げていきます。心の大きな人間になることができるということです。

心が大きく成長した人は、そうでない人を許すことができます。

攻撃的なあり様の人が、アサーティブなあり様の人に何らかの攻撃的な行為をとったとしても、アサーティブなあり様の人は瞬時に反応することはありません。いったん、自分のなかに納め、心のスペースをしっかりとつくり、さまざまな技法を駆使しながら直接的に、あるいは間接的にフィードバックとして返していくのです。

相手の目をしっかりと見つめて、ときにはやさしい言葉で、ときには厳しい言葉で返していきます。実は、この時点で、攻撃的な行為にいたった相手を許していることになるのです。

そして、許された相手には、多くのケースで気づきが起こります。気づきとは、攻撃的なあり様を示してしまったことへの自分自身のフィードバックなのです。平たくいえば「反省」ということになるのかもしれません。

実は、こういうアサーティブなあり様が、森田洋司氏が提唱した「いじめの四層構造」における「仲裁者」の姿なのです。

これは、受身的なあり様を示す人に対しても同じことです。アサーティブな人は、人間どうしの関係を強い・弱いの力関係ではみません。「弱い相手」だからといって、ぞんざいな、いんぎん無礼な態度をとることはありません。むしろ、そういう相手にこそ、繊細な配慮をして慎重に接していくものなのです。

アサーティブなあり様である人は、相手のことを想像できるがゆえに、共感する心をもつことができるので、対等・平等の関係性をつくっていこうとするのです。そのためには、主張をし、相手と折り合いをつけることが必要になってきます。

教員は、子どもとの関係以上に、教員どうしの関係性に、このアサーティブなあり様を発揮できなければなりません。教員どうし、指導者どうしであるからこそ、折り合いをつけ、好ましい関係性を構築していこうと努力するのです。それは、教員が、子どもにとって、ほんとうに身近な大人としてのモデルであるからです。

実際のところ、「アサーティブなあり様」の人間になるのは大変なことです。ですが、子どものモデルとなる教員は、「アサーティブなあり様をめざす人間」でありつづけなければなりません。苦手な人、意見の合わない人との接し方や折り合いのつけ方を、まずは私たち自身が学んでいこうとする姿勢が大切だと思います。

3 相乗効果を発揮できること

人間の社会は、さまざまな矛盾を抱えながらも、幸せな生き方ができる社会へ向かって進んでいます。人間の歴史を振り返れば明白な事実です。二歩前進、一歩後退、三歩前進、二歩後退、その結果二歩進んだ、というような感じです。これは人間にしかできない力がそこに備わっているからです。

人間は協力し、力を合わせ、ソフト、ハードともに数多くの創造物を残してきました。そして、その多くが人間の幸せな生活を実現するためのものであるといえるでしょう。

アサーティブなあり様の人は、ものごとに対して、一人でやってしまおうとは考えません。ものごとの初期の段階では、孤独であったり、自分一人で取り組まなければならないこともあっても、アサーティブな人の周りには、必ず人が集まってきます。

それは、アサーティブな人は自分の長所と短所がよくわかっているがゆえに、自分ができない部分については、周りの人に助けを求めたり、協力を求めたりすることができるからです。みんなの課題であることを主張し、周りの自主性を引き出すこともできるのです。

そんなアサーティブなあり様の人たちが出会うことで、一つのプロジェクトに共に取り組むことができるようになります。そこには、計り知れないほどの力がある相乗効果が生まれるのです。プロジェクトをやりきることにより、達成感や自己効力感などがフィードバックとして返ってくることになります。

このようなプラス指向の前向きな関係が、所属する集団の質を高めていきます。これは、教員の集団でも、子どもの集団でも同じことがいえます。ですから、まず、教員の集団がモデルとなり、子どもの集団へのモデル性を発揮していくということなのです。これが現代的な「集団づくり」であるといえるでしょう。

集団の理想が先にあり、そこに個人をあてはめていく手法は、アサーティブネスの思想に反しますし、人間の成長にとってどれだけマイナスになるかわかりません。あくまでも、一人一人が成長することによる集団形成が、実は集団の力であるという考え方こそが、アサーティブネスの思想に基づいたものなのです。

人間関係づくりの授業＝人間力育成の授業に取り組もうとしている方々とは、開かれた人間をめざし、アサーティブなあり様を追求することで相乗効果を発揮しようとしている人なのです。

おわりに

私は教員になってしばらくの間、ほんとうに自信がもてない教員でした。それは、先輩や同僚の教員の仕事ぶりをまのあたりにして、「なぜ、こんなに子どものことを知っているんだろう?」「なぜ、こんなにがんばれるんだろう?」と。周りの教員は、すばらしい人たちばかりで、とても自分の力は及ばない、と思っていたのです。力のない自分の姿を振り返ると、情けなくなってしまい、からだも心も固まってしまうこともたびたびありました。

しかし、いまから考えれば、こんな自分でよかったと思っています。それは、「すばらしい」とか「すごい」とか、素直に感じることができる自分であったからです。「すばらしい」とか「すごい」と感じたことの、ほんの何パーセントかを、自分に取り込んでいくことができたからです。さらに、相手のことを「すばらしい」とか「すごい」とか感じることができたので、その人たちとは、多くの場合、良好な関係を保つことができ、力を合わせてプロジェクトとしての仕事をやり遂げることができました。

私が教員らしい仕事ができるようになったのは、四〇歳を越えてから。人間関係づくりの授業に出会ったのは五〇歳を越えてからです。私自身に対する周りの評価は、いろいろあったのだろうと思いますが、私が心がけてきたことは、「自分との約束を守る」ということでした。簡単にいえば、毎年新たな目標を立て、それを実現する努力をしたということです。それを積み重ねていくことで三二年間の教員生活の結果、自分でも想像がつかないくらいの場所へたどり着くことができました。スタートが自信のもてない教員でしたので、いまになっても何もおごることはありません。そして、幸せなことに、いまでは各地からご依頼をいただき、研修で出会った方々から、また新たな気づきを得て、成長していくことができるのです。この年になってからの、勉強や読書は若いころのようにすぐに頭に入りませんが、新たなものを構築していくために、欠かすことができません。ドラマを見たり映画を見たり、日々のニュース、テレビのワイドショーも貴重な情報源であり、自分のあり様《よう》や考えを振り返り、伸ばしていくための大事なアイテムなのです。

人間関係づくりの授業のことについて、私はいまも駆け出しですが、七年前は正真正銘の素人でした。ですから、すでに三年間の研究開発学校の取組みを進めていた松原第七中学校の先輩教員（もちろん若年教員も含めて）からいろいろ教えてもらい、自分のなかに取り込みながら、先行しているグループアプローチやガイダンスカリキュラム、心理学や生徒指導の研究者の方々や、カウンセラーやファシリテーターの方々から、いろいろ学びとってきました。客観的に要請されている仕事をこなすために、自分自身の力量をそこに追いつかせ、追い越せるようになるまで相当なエネルギーを使いました。しかし、なんとか、自分自身がアサーティブネスの領域に到達したのではないかと自覚したときに、すごく気持ちが楽になったのです。それは、その時点での自分の姿を「ありのまま受け入れる」というアサーティブネスの基本を会得することができたからです。そして、そのことにより、人間関係づくりのイメージ化と理論化を大きく進めることができました。それまでの自分がうそのようでした。

多くの人たちが、それぞれ自分たちの言葉で表し、意味づけをしている「認知→行動→評価のスパイラル」ですが、「アサーティブネスは、ここから生まれるのだ」と自分自身が気づいたときに、五〇年あまりの自分の人生のあり様が、再構築されただけではなく、客観的なフィードバックを相手に返すことができるようになっていたのです。アサーティブネスは奥が深く、ここがゴールであるという最終的な到達点はありません。それは、次から次へと課題がみえてくるからです。

私は、日本におけるアサーティブネスの始祖である平木典子さんの多くの著書や、アサーションに取り組む方々の考えから多くのことを学びました。そして、本文中でもふれたように、フランクリン・R・コヴィーの『7つの習慣』に出会うことにより、「依存的なあり様から主体的なあり様へ」という概念を構築することができました。これは、中学校区の研究主任という立場上、二年間にわたり、小学校、幼稚園の教員のみなさんとかかわることができ、その現場を体験することができたことが、大きな背景としてあったのです。つまり、「いじめ」や「不登校」を「問題行動」としてではなく、「成長のプロセスにおける依存性の表れ」としてとらえることができるようになったということなのです。ですから、「問題」として「対処」するのではなく、「成長の課題」として「支援」すればいいのです。そうすれば、現在では、さまざまな場面で使われている「支援」という言葉の本来の意味を理解することができるようになるのです。

「いじめ」や「不登校」というものは、根絶しようと思っても、根絶することは絶対にできません。成長のプロセスにおける不可避的な課題なのですから、教育の大きな枠組みとしての課題であるとともに、教員の個人としてのあり様が問われている問題であるということなのです。一人一人の成長のプロセスにそった適切な支援さえ存在すれば、人間は主体的であろうとすることで、「いじめ」をしない許さない、そして、「不登校」を乗り越える人間になることができるのです。このことさえ理解し、その理解に基づいて行動していけば、「いじめ」「不登校」は必ず解決します。私が、この本を通して言いたかったことは、この一点なのです。

一九八六年、一九九四年、二〇〇六年、二〇一二年と、あい次いで大事な命が「いじめ」により奪われ、マスコミにより大きく報道されました。そして、そこに存在したものは、例外なく「いじめ」の存在自体の否定と隠蔽《ぺい》でした。文部科学省は、二〇〇六年の出来事を受け、

二〇〇七年に「いじめ」の定義を大きく変更しました。従来までの定義は、
〇この調査において、「いじめ」とは、「①自分より弱い者に対して一方的に、②身体的・心理的な攻撃を継続的に加え、③相手が深刻な苦痛を感じているもの。なお、起こった場所は学校の内外を問わない。」とする。
でした。そして、変更後は、
〇「いじめ」とは、「当該児童生徒が、一定の人間関係のある者から、心理的、物理的な攻撃を受けたことにより、精神的な苦痛を感じているもの。」とする。
となっているのです。つまり、その事象が「深刻」または「継続的」でなくても「いじめ」であると定義されたのです。極論を言えば、被害者が「いじめである」と言えば「いじめ」なのです。このような定義の変更がされたにもかかわらず、二〇一二年、次々と報道されてきた内容は、教育の怠慢を感じさせられることばかりでした。

不登校の子どもたちへのかかわりも、同じようなことを感じます。不登校の子どもたちへの評価として、「自分勝手だ」という教員の評価をよく耳にするのです。しかし、落ち着いて考えてみてください。なぜ、この子たちが不登校になっているのかを。このような言葉に出くわしたとき、私は必ず「自分勝手だから、不登校になっているのではないですか。自分勝手でない不登校の子どもはいませんよ。自分勝手だと言って切ってしまうのではなく、その自分勝手

であることを受けとめて、客観的なフィードバックを返していくことが私たちの仕事だと思うのですけど、どうでしょうか。」と返します。不登校の子どもたちの多くは自分勝手であり、自己中心的なのです。だから、人間関係がどうしようもなくなり不登校になります。不登校の子どもは成長していくことが、何よりも不登校の克服につながるのではないでしょうか。必要なのは、「変わる」ではなく「成長する」なのです。

「嫌だ」と思えば「いじめ」であり、不登校になる子どもは自分勝手なのです。私たちはこんなわかりきったことからスタートしなければならないのではないでしょうか。この原点を忘れてしまうから、「いじめ」を無視したり、隠蔽したり、不登校の子どもを放置するという教員としてあるまじきあり様を示してしまうと、私は思うのです。

読者の皆様、私がこの七年間、仲間とともに歩んできたこと、わかってきたことの一部をご理解いただければ幸いです。私は、教員を退職し、いまのような不安定な道を歩んでいますが、一日も早く、学校現場で、人間関係づくりの授業が実施され、それに基づいた不登校の子どもたちへの支援が行き届くために、政策や施策として取り上げられることをめざして、なおいっそうがんばっていきたいと思っております。本文中では、唐突に「すごろくトーキング」などの授業名を十分な説明なく何度も使いましたが、さらなる理解のために、松原第七中学校から出されています、図書文化社刊『子どもが先生が地域とともに元気になる　人間関係学科の実践』もあわせてお読みいただければ、そこに、年間実施プログラムなども掲載させていただいております。また、「あいあいネットワーク of HRSのホームページ」もあわせてご参照いただければと存じます。なお、本文中の私の言葉は、ほとんどが大阪弁のままになっています。読みづらい部分も多かったかと思います。読み終えていただいた読者の皆様に感謝いたします。

最後になりましたが、このような駆け出しの私がいつも相談にのっていただき、何度となく学生さんへのファシリテーションの場を提供してくださいました、文部科学省協力委員、前、慶應義塾大学教授、現、奈良女子大学臨床心理相談センター教授、伊藤美奈子先生。この本の出版につきまして、さらに、勇気と元気の出るお言葉をいただきました。また、何時間もおつき合いいただき、私の話を聴き取り、私の稚拙な文章を再構成してくださったライターの辻由紀子様。この本の出版につきまして、的確なアドバイスと励ましをいただきました図書文化社出版部、東則孝様。また、松原第七中学校の実践を広めていくために、ご尽力いただきました社主、村主典英様をはじめとする図書文化社の皆様。おかげさまで、この本が世に出ることができました。ほんとうにありがとうございました。これからも、努力と精進に努めていきたいと思います。

深美隆司　ふかみ・たかし
あいあいネットワーク of HRS 代表，参加体験型研修ファシリテーター，学校授業コーディネーター，日本教育カウンセラー協会上級教育カウンセラー，スクールカウンセリング推進協議会認定ガイダンスカウンセラー，島根県松江市教育委員会アクションプラン・スーパーバイザー。1955 年 10 月生まれ。大阪教育大学教育学部英語科卒業。大阪府中学校教員を経て現職。
共同執筆『子どもが先生が地域とともに元気になる人間関係学科の実践』図書文化社，『指導と評価』等教育誌に多数論文掲載。
ホームページ URL：http://aiainet-hrs.jp/
Mail アドレス：info@aiainet-hrs.jp

子どもと先生がともに育つ人間力向上の授業
―深美隆司《HOTEISAN》のファシリテーション出前研修

二〇一三年一一月一日　初版第一刷発行　［検印省略］

著　者　深美隆司©
発行人　村主典英
発行所　株式会社　図書文化社
〒一一二・〇〇一二　東京都文京区大塚一・四・一五
電話　〇三・三九四三・二五一一
ファックス　〇三・三九四三・二五一九
http://www.toshobunka.co.jp/
振替　〇〇一六〇・七・六七六九七
組　版　株式会社　さくら工芸社
印刷・製本　株式会社　高千穂印刷所
装　幀　中濱健治

ISBN 978-4-8100-3636-7 C3037
乱丁・落丁本の場合はお取り替えいたします。
定価はカバーに表示してあります。